Komische Geschichten

Komische Geschichten

Ausgewählt von Gudrun Schury
Mit Bildern von Gerhard Glück

aufbau
VERLAG

Inhalt

»Und was hat Mama gesagt?! Nicht ins Schwarze Meer fassen!«

Robert Gernhardt

Ein Ehepaar erzählt »Ein Ehepaar erzählt einen Witz«

»Ach was, Norbert«, sagte Ingrid, »das war doch alles ganz anders! Der Thomas hat damals in Rom zuerst vino russo bestellt und erst als es den nicht gab vino cinese.«

»Quatsch«, korrigierte ich sie, »das mit dem vino cinese hat der Ober gesagt. Weil der Thomas sich doch versprochen und statt vino rosso, also Rotwein, vino russo, also russischer Wein, bestellt hatte. Und da hat der Ober gesagt, auf italienisch natürlich: Vino russo gibt es nicht –«

»Hab ich doch gesagt! Und weil es den nicht gab, hat der Thomas gesagt –«

»Hat der Ober gesagt: Wie wäre es mit vino cinese, also mit chinesischem Wein.«

»Aber der Witz war doch gerade, daß der Thomas gesagt hat –«

»Vino russo. Ja. Aber das war ein unfreiwilliger Witz gewesen.«

»Eben hast du aber noch gesagt: Das war ein Versprecher.«

»Es war ein Versprecher *und* ein Witz.«

»Ich denke, der Witz war ›vino cinese‹?«

»War er ja auch. Aber das war der Zweitwitz.«

»Erstwitz – Zweitwitz! Wir sind doch hier nicht beim Einwohnerwitzeamt! Wir –«

Gerade wollte ich Ingrid energisch in die Parade fahren, als ihr Zwinkern und ein beschwörender Fingerzeig auf unsere jungen Gäste mir signalisierte, daß alles nur Spaß war, und dann lachten wir beide und sagten wie so oft schon fast gleichzeitig: »Nicht wahr? Das ist jetzt wie bei Kurt Tucholskys ›Ein Ehepaar erzählt einen Witz‹!« – ein vertrauter, selbstironischer Hinweis, den Zuhörer in unseren Kreisen stets mit jenem schmunzelnd-eingeweihten »Genau!« zu quittieren pflegen, das es dem jeweils erzählenden Ehepaar erlaubt, die im Dreck steckengebliebene Witzkarre ohne Gesichtsverlust im Stich zu lassen und sich auf tragfähigeres Terrain zu retten. Doch nicht so diesmal.
»Wie soll das jetzt sein?« fragte Svende.
»Wie bei Kurt Tucholsky.«
»Ist der nicht schon lange tot?« fragte Uwe.
»Ja natürlich.«
»Und wieso ist das jetzt hier bei euch wie bei ihm?«
»Na, nicht wie bei ihm zuhause! Wie in seiner berühmten Geschichte ›Ein Ehepaar erzählt einen Witz‹.«
Svende und Uwe blickten uns fragend an, und da erst begriffen Ingrid und ich fast gleichzeitig, daß Tucholskys uns so ans Herz gewachsenes Prosastück unseren jungen Nachbarn offensichtlich unbekannt war. Gerade wollte ich taktvoll das Thema wechseln, als Svende, sich vorbeugend, fragte: »Was für ein Ehepaar denn?«
»Irgendein ausgedachtes. Er hieß, glaube ich, Walter, und sie hieß –«
»Werner«, unterbrach mich Ingrid.
»Seit wann heißen denn Frauen Werner?«

»Sehr witzig. Der Mann hieß Werner. Und sie hieß Trude.«

»Überhaupt nicht witzig. Und er hieß auch nicht Werner.«

»Sondern?«

»Walter natürlich!«

Für einen Moment schwiegen wir alle.

»Will noch jemand einen Fruchtriegel?« fragte ich verbindlich und hätte, wer weiß, das Steuer doch noch herumreißen können, wenn Uwe nicht unbedacht gefragt hätte: »Und? Wie ging denn der Witz nun?«

»Der ging gar nicht!« platzte Ingrid heraus. »Daß der Witz nie erzählt wurde, war ja der Witz von der Geschichte.«

»War er überhaupt nicht«, wandte ich sachlich ein. »Der Witz von der Geschichte besteht doch gerade in der Geschichte vom Witz. Und der Witz ging so, daß da ein Ehepaar war –«

»In der Geschichte. Ja.«

»Nein, auch im Witz. Dieses Bergbauernpaar, er ist alt, sie ist jung und hübsch. Und die liegen gerade im Bett, als es plötzlich klopft. Nein, die liegen noch nicht im Bett. Erst –«

»Norbert kann keine Witze erzählen. Laß mich mal. Also: Ein junger Mann wandert durch die Dolomiten und verirrt sich –«

»Ich wollte doch überhaupt keinen Witz erzählen! Ich wollte Svende und Uwe lediglich einige Basisinformationen geben, damit sie sich eine ungefähre Vorstellung von Tucholskys Geschichte machen können.«

»Nun behaupte bloß noch, daß das eine Basisinformation ist, wenn jemand nicht im Bett liegt.«

»Das kann sehr wohl eine Basisinformation sein.«
»Ach was!«
»Aber ja. Das ist geradezu die Voraussetzung der meisten Geschichten.«
»Was?«
»Daß jemand nicht im Bett liegt. Nimm nur die Odyssee. Wenn Odysseus nicht aufgestanden und nach Troja gefahren wäre, dann –«
»Aber das ist doch ganz normal, wenn Leute am Morgen aufstehen! Das kannst du doch nicht zur Basisinformation hochstilisieren!«
»Na – so normal ist das nun auch wieder nicht. Wenn ich an den Terror denke, den du jeden Morgen veranstaltest, bevor du dich bequemst, aus dem Bett –«
Ein Geräusch ließ mich innehalten, ein klagendes Doppelgähnen, fast schon ein Aufschrei.
»Ihr habt ja so recht!« rief ich unseren jungen Gästen verständnisvoll zu. »Ingrid kann ganz einfach keine Geschichten erzählen! Nein, das kannst du nicht, Ingrid! Wenn du es könntest, hätten Svende und Uwe nämlich schon längst begriffen, worum es geht. Habt ihr begriffen, worum es geht? Na also!«
Mattigkeit, ja Stumpfheit schien die Blicke der jungen Menschen zu verschleiern, um so mitreißender redete ich weiter.
»Also, paßt auf! In Tucholskys ›Ein Ehepaar erzählt einen Witz‹, dieser herrlichen Satire auf nicht nur die Erzählgewohnheiten von Ehepaaren, sondern auf Auswüchse des Paarverhaltens überhaupt, da also erzählt ein Ehepaar einen –«

»Eben nicht.«

»Natürlich!«

»Überhaupt nicht!«

»Du weißt doch gar nicht, was ich sagen wollte!«

»Du wolltest ›Witz‹ sagen.«

»Ja und?«

»Und das ist falsch. Das Ehepaar in ›Ein Ehepaar erzählt einen Witz‹ erzählt nämlich keinen Witz. Es versucht das lediglich, aber da sie einander dauernd unterbrechen, kommen sie nie über den Anfang hinaus.«

»Also erstens habe ich nie etwas anderes behauptet –«

»Hast du wohl. Unter Witz stellt man sich nämlich einen ganzen Witz vor, inklusive Pointe.«

»Du vielleicht. Und zweitens kommt dieses Ehepaar da, der Walter und die Traudel –«

»Trude immer noch!«

»– sehr wohl über den Anfang des Witzes hinaus. Der Walter war ja schon beim Wanderer angelangt, der zwischen dem alten Bauern und der jungen Bäurin im Bett lag, und der alte Bauer war auch schon einmal aufgestanden, um nach den Ziegen zu schauen, ne, schon dreimal, und die Bäurin hatte den Wanderer auch schon gestupst, und wenn die Traudel nicht dauernd dazwischengeredet hätte, wäre Walter mit dem Witz sicher –«

»Also jetzt machst du mir Spaß! Echt! Erstens heißt die Frau Trude und nicht Traudel –«

»Ist doch egal!«

»Ach ja. Aber der richtige Name des Mannes war dir vorhin überhaupt nicht egal. Da mußtest du mich sofort korrigieren, als ich den Werner –«

»Den Walter immer noch!«

»Siehst du? Siehst du? Und jetzt willst du Svende und Uwe –« bei der Nennung ihres Namens schreckten die beiden auf, sanken aber rasch wieder in sich zusammen – »auch noch weismachen, daß es Trudes Schuld war, wenn Walter den Witz nicht zu Ende –«

»War's ja auch! Weil sie den Walter ständig–«

»Also komm! Das ist ja jetzt nun der Gipfel der Feigheit!«

»Was denn?«

»Deine frauenfeindlichen Aggressionen nicht offen zu äußern, sondern sie Tucholsky zu unterstellen. Ausgerechnet ihm, diesem Aufklärer, diesem ...«

»Sag jetzt bloß: Feministen!«

»Sag ich auch! Feministen!«

»Ha! Der nun wieder! Bekanntlich der größte Stecher zwischen Montmartre und Kreuzberg!«

»Quatsch!«

»Gar nicht Quatsch!«

»Wohl Quatsch!«

Ein Blick auf unsere jungen Gäste, die gerade dabei waren, langsam unter den Glastisch zu rutschen, ließ es mir geraten erscheinen, die Tucholsky-Diskussion vom Emotionalen weg auf eine stärker rational strukturierte Ebene zu verlagern: »Also komm, Ingrid! Steh doch endlich mal zu deinem Unwissen und gib zu, daß du überhaupt keine Ahnung von Tucholsky hast.« –

»Aber du hast sie, ja?« – »Ja klar. Einer muß sie ja haben. Und da du sie nicht hast –« – »Und wer kann sich nicht mal den einfachsten Namen von Tucholskys Helden merken?« – »Du!« – »Du! Du hast Trude mit Traudel verwechselt!« – »Und du Walter mit Werner!« – »Walter! Werner! Mit all diesen Spitzfindigkeiten willst du doch nur von der Tatsache ablenken, daß du überhaupt nicht mehr weißt, wie die Geschichte überhaupt geht!« – »Ich? Ha! Natürlich weiß ich das! Welche Geschichte denn?«

Für einen Augenblick wußte Ingrid keine Antwort, und da hörten wir es, jenes traumverlorene, stetige Ein- und Ausatmen, das den Schlaf junger Menschen für den etwas älteren Betrachter zu einem ebenso belächelten wie beneideten Schauspiel macht.

»War wahrscheinlich ein bißchen zu komplex die Materie«, sagte ich nachdenklich. »Vielleicht auch intellektuell etwas zu fordernd. In solch einem Fall machen sie ja schnell schlapp, die jungen Leute von heute. Hört man jedenfalls immer wieder. Und wir sehn's ja jetzt auch. Keine Konzentration und keine Kondition. Wenn ich da an uns denke! Wie wir 68 die Nächte durchdiskutiert haben! Was Ingrid?«

»Und ob, Norbert!«

»Wir lassen die beiden erstmal schlafen, oder? Morgen können wir ihnen ja immer noch weitererzählen, wie die Geschichte bei Tucholsky nun wirklich geht.«

»Seh ich auch so.« Sie breitete eine Decke über die Schlummernden.
»Du, alles klar!«
Ich wartete, bis Ingrid an der Tür war, dann löschte ich das Licht.
»Paß auf! Bei Tucholsky ging die Geschichte nämlich so«, begann ich, als wir auf den Flur traten.
»Von wegen!« gab sie zurück, und da spürte ich beglückt, daß er immer noch lebte: Der Geist von 68.

Fanny Müller

Goldene Hochzeit

Kürzlich war ich zur Goldenen Hochzeit meiner Großtante Martha auf ihren Bauernhof eingeladen. Ich wollte erst nicht hingehen, weil ich die ganze Familie hasse, außer Tante Martha, und weil die ganze Familie mich haßt, außer Tante Martha. Dann fiel mir ein, daß sie schon seit 35 Jahren geschieden ist. Da ging ich dann doch hin, allerdings ohne Geschenk. Später kriegte ich eine goldgeränderte Karte, auf der »Vielen Dank für das schöne Reisenecessaire« stand. Soviel zum Zustand meiner Tante.

Sie sagte auch andauernd Annemarie zu mir, weil sie mich mit meiner Mutter verwechselte. Als sie mich an ihren Busen drückte, wußte ich nicht, ob ihr Korsett krachte oder meine Rippen. Sie sagte gleich, wie gut ich mich gehalten hätte. »Das hätte ja kein Mensch gedacht, daß du dich noch mal so rausmachst, Annemarie«, sagte sie zu mir, während meine Mutter direkt neben mir saß.

Als ich ankam, standen alle männlichen Gäste vor der Scheunentür und rauchten Zigarren, aber ich erkannte niemanden, bis auf Onkel Ernst-August und Onkel Heinrich, die seit 100 Jahren immer gleich aussehen. Sie sind Bauern, tragen schwarze Anzüge und Gummistiefel und reden über das Wetter. Nur Ernst-August nicht, der redet meistens über die Pferde von Heinrich. Von den Pferden hat eines nur ein Auge und das andere ist blind. »De hebbt jo mehr Orslöcker as

Oogen«, sagte er. Das ist ja logisch, aber Onkel Heinrich wurde ganz rot im Gesicht. Er hielt sich aber zurück, weil der Pastor in der Nähe war und weil Damen anwesend waren (ich). Ich sagte zu Heinrich, daß ich es mir nicht gefallen lassen würde, wenn einer so was über meine süßen kleinen Pferde sagte. Eine kleine Schlägerei vor dem Essen kann einen ja manchmal aufheitern. Es klappte aber nicht.

Die Damen waren in der Küche zugange und richteten das kalte Büffet. Meine Mutter fragte mich laut, warum ich nicht was Anständiges angezogen hätte. Das tat sie aber nur wegen der Tanten und Kusinen. Ich hatte mein kleines Schwarzes an, das nach ungefähr zwei Millionen Wäschen tatsächlich ziemlich klein ist, allerdings nicht das Dekolleté. Meine Schwester, die mit Petersilie herumhantierte, als sei es ihr angeboren, trug irgendwas Gerafftes mit Tüll an der Seite. In so was würde ich mich noch nicht mal tot sehen lassen wollen. Ich fragte sie, um wieviel Uhr die Demaskierung sei, daraufhin sprach sie den ganzen Tag nicht mehr mit mir. Das hatte geklappt!

Während der Pastor die Rede hielt, die er immer hält, aber mühsam gereinigt von Begriffen wie »unser hochgesegnetes Paar«, eröffnete ich das kalte Büffet. Ich bin bekannt für meine Büffet-Eröffnungen. Ein ziemlich klasse aussehender junger Mann gesellte sich zu mir, und wir plauderten gemütlich, während wir gut die Hälfte der Lachsschnittchen beiseite schafften. Seine Mutter, eine Kusine namens Gisela oder Gerda oder so, zischte mir zu: »Olav (oder Bernd oder so) könnte dein Sohn sein!« Diese Information sagte mir nichts, aber er sagte dann den ganzen Abend »süße kleine Mutti« zu mir, und zwar laut. Da redete

Gisela oder Gerda auch nicht mehr mit mir, was gut war, denn sie hat eine Heißmangel und eine Strickmaschine, und zwischen diesen beiden Polen bewegt sich ihre Konversation. Zwei Kusins, die in der Schule immer gepetzt hatten, insbesondere was Doktorspiele betraf, die ich angeblich mit ihnen gemacht haben soll, was ich mir aber nicht vorstellen kann, so wie die heute aussehen, hakten mich nach dem Essen unter, als es ans Tanzen ging. Ich brachte das Gespräch unauffällig auf Lesbisch-Sein und daß ich solchen Perversionen immer schon recht vorurteilsfrei gegenübergestanden hätte. Damit waren die auch erledigt. Es ist gar nicht so schwer, sich Leute vom Hals zu schaffen. Man muß nur einen festen Willen haben.

Die Tanzerei war ziemlich anstrengend. Die Kapelle, eine Hammondorgel, hatte den komatösen Getränken ebenso stark zugesprochen wie die übrigen Herren. Von einem durchgehenden Rhythmus konnte kaum die Rede sein. Die Damen tranken Cherry Brandy und unterhielten sich darüber, bei wem »was unterwegs« war.

Nur Tante Martha blieb nüchtern und steckte mir zum Abschied ein Sparbuch zu. Es waren bloß 300 Mark drauf, aber dafür war es auch von vor der Währungsreform.

Harry Rowohlt

»Gesicht zeigen!«

Jüngst (oder letztens, wie der gebildete Hamburger sagt, wenn er »noilichst« vermeiden will) habe ich zweimal Bürgersinn bewiesen und etwas Nützliches gemacht.

Erstens war ich am 16. April in Berlin im Tipi beim Kanzleramt, um im Rahmen der Veranstaltung »Gesicht zeigen!« zusammen mit einer Auswahl gefestigter Demokraten aus jeweils eigenen Werken vorzutragen. Es ging gegen die Ausländerfeindlichkeit, denn die ist ja nun wirklich nicht nett. Ich sehe zwar nicht recht ein, warum ausgerechnet die Berliner nicht ausländerfeindlich sein sollen, aber mit dem ICE ist man schnell da und auch schnell wieder weg.

Besonders gut gefallen hat mir, wie eine sehr virtuose Sängerin dreimal hintereinander sang: »Der Klang der Zeit / Liegt in der Unendlichkeit.« Beim vierten Mal raunte ich der glücklicherweise neben mir sitzenden Susanne Fischer zu: »Denk mal drüber nach.« Das versprach sie. Der absolute Höhepunkt des Abends war, wie Fritz Eckenga ein Gedicht vortrug, in dem jemand kocht und dabei aus Versehen immer besoffener wird. Ich hatte das Gedicht vier Tage zuvor im schönen Buchholz in der befreundeten Nordheide deklamiert, und mir war das Glissando nicht ganz gelungen, der fließende Übergang zwischen beflissener Nüchternheit und Dann-eben-nicht-Geknüll, und nun führte der Autor vor, wie's geht, wobei er im letzten Drittel aussah wie von

Wilhelm Busch gezeichnet. Alles natürlich stramm gegen Ausländerfeindlichkeit. Nach der Veranstaltung wurde es wie immer noch schöner, bis uns die Ausländer nicht mehr bedient, sondern rausgeschmissen haben. Wir verpackten uns dreilagig in zwei Autos und fuhren in eine kernfeste Kneipe am Hacke'schen Markt, was ich sehr begrüßte, weil sie nur 150 Meter Luftlinie von meinem Hotel entfernt war, und auf diesen 150 Metern Luftlinie ist es mir gelungen, mich so gründlich zu verlaufen, dass ich Stadtteile entdeckte, in die noch nie ein Mensch seinen Fuß gesetzt. Schließlich habe ich eine wunderschöne und sehr nette Prostituierte nach dem Weg gefragt. Die Rosenthaler Allee kannte sie, die Rosenstraße nicht. Gemeinsam rätselten wir. Auch das Hotel war ihr bisher nicht untergekommen. Als ich mich mit einem keuschen Küsschen auf die Wange bedanken und verabschieden wollte, sagte sie: »Halt! Das kostet dann schon.« Dann fragte ich (gezählte, nicht gefühlte) 18 Neonazis, die vor ihrer Stammkneipe standen, welche zu meinem Leidwesen »Heinrich-Zille-Eck« hieß. Die sahen sämtlich aus wie Freigänger, bodygebuildet, über und über tätowiert – wir Feinde der Ausländerfeindlichkeit hätten ordentlich was zum Umschulen gehabt. Dass sie mich nicht gehauen haben, lag, glaube ich, daran, dass sie so viele waren – da hätte es Kompetenzgerangel gegeben. Ich sagte: »Meine Herren, würden Sie vielleicht einem deutschen Manne mit einer Auskunft behilflich sein?« Die Rosenthaler Allee kannten sie, die Rosenstraße nicht. Gemeinsam rätselten wir. Ich bedankte mich und ging weiter in die geheimnisreiche Nacht. Weil mir das alles viel zu harmonisch gewesen war, drehte ich mich noch einmal um und sagte: »Immerhin bin ich im Gegensatz zu euch Berlinern nicht slawisch durchrasst.« Mussten sie bedauernd einsehen.

Für meinen zweiten Einsatz im Dienste der Völkerverständigung ist hier kein Platz mehr. Mit dem werde ich nächste Woche angeben.

Gerhard Polt

Bad Hausen

Liebe Kurgäste, liebe Freunde aus nah und fern, es freut mich, Sie alle hier in unserer schönen neuen Mehrzweckhalle in Bad Hausen begrüßen zu dürfen. Ein herzliches Grüßgott auch unserem Pfarrer Seybold, der auch heute unter uns dabei ist, wenn amal wieder ein Heimatabend bei uns stattfindet. Bevor aber wir dann die Treuenadeln für dreißigjähriges Urlaubmachen in Bad Hausen verteilen mit anschließender Tombola – lassen Sie mich uns Ihnen, die erst neu zu uns gekommen sind, amal vorstellen.

Bad Hausen liegt auf einer Höhe von 763 Höhenmetern über dem Meer, umrankt von Bergen wie dem Biegelstein, dem Bürstling und der Führerspitze, welche mit 1722 Metern beachtlich in den Himmel ragt.

Gegründet wurde Bad Hausen im Jahre 1009 von Heinrich dem Flötzer, ein Neffe von Heinrich VI. Heinrich der Flötzer, so erzählt die Geschichte, trennte sich von seiner Gemahlin Algunda, indem er diese aus dem Hause trieb und diese sich dann auf eigenen Wunsch – oder Verlangen – hin, sich eine Zelle, oder ein Haus – Haus – Hausen errichtet hat, in der Hoffnung, fürderhin mehr alleine zu sein. Algunda wurde kurz nach ihrem Einzug in das Haus erschlagen und sehr bald danach heiliggesprochen, um dem bereits internationalen Reliquienhandel Aufschwung zu geben. Der Unterkiefer der heiligen Algunda

befindet sich in Privatbesitz – ein Konsortium in New York ist der Eigentümer.
Aber Gott sei Dank ist unser Ort ebenfalls Bewahrer einer Reliquie der heiligen Algunda. Das gesamte Schlüsselbein von ihr ist in unserer Pfarrkirche und zieht Wallfahrer aus aller Herren Länder an. Ansonsten war es in Hausen das Mittelalter über und während der Renaissance ruhig. Hausen war jahrhundertelang eine beliebte Viehweide.
Auch das 18. Jahrhundert war ebenfalls ein stilles Jahrhundert, nur noch zweimal trat die Cholera auf, was wiederum der Reliquie der heiligen Algunda zu noch mehr Popularität verhalf.
Schließlich kam dann nach einer langen Odyssee der Kunstmaler Nepomuk Pröpstl zu uns nach Hausen, wo er dann in Öl den historischen Saustall malte. Der Saustall selbst wurde vor zwei Jahren abgerissen, und an seiner Statt entstand das schöne Feuerwehrhaus, was einen jeden, der sich für Architektur interessiert, zu Diskussionen einlädt.
Das Ölbild von Nepomuk Pröpstl kann im Heimatmuseum besichtigt werden, und zwar jeden Donnerstag von fünfzehn bis sechzehn Uhr, und jeder Gast, der über eine gültige Kurkarte verfügt, erhält fünf Prozent Ermäßigung auf den vollen Eintrittspreis.
Ja, liebe Gäste, sonst wäre noch anzumerken, auch über Bad Hausen brauten sich von 1936 bis 45 diese dunklen Wolken zusammen, aber Gott sei Dank hat sie der Wind dann doch bald wieder weggeblasen.
Weltberühmte Leute haben unserem Ort die Ehre erwiesen. Zum Beispiel Hermann Göring weilte hier gerne zur Jagd und hat persönlich

mehrmals zum Halali geblasen. Zu dem angeblichen Skandal, daß man ihm erst vor drei Wochen die Ehrenbürgerschaft aberkannte, möchte ich jetzt keine Stellung nehmen, aber ich bin sicher, Sie zeigen dafür Verständnis.

Auch andere illustre Gäste kann Bad Hausen aufweisen. Der aus Presse, Funk und Fernsehen bekannte Konsul Weyer oder der Schlagersänger Gus Backus gaben sich bei uns ein Stelldichein. Schalck-Golodkowski schätzt die Bad Hausener Gastronomie, aber vor allem, meine Damen und Herren, kein Geringerer als unser allseits verehrter Franz Josef Strauß hat hier seine Zelte aufgeschlagen, wenngleich auch nur für einen Nachmittag, aber es bleibt unvergessen, wie er in der Gaststätte Zum Wiesenschmatzer eine ausgiebige Brotzeit zu sich genommen hat. Der Anlaß seines Aufenthaltes war eine defekte Benzinpumpe seines Motorrads, mit dem er unterwegs war – er wartete fieberhaft auf eine Ersatzbenzinpumpe, die extra mit dem Hubschrauber aus München eingeflogen wurde.

Noch heute weist ein Hinweisschild auf die inzwischen historische Begebenheit hin, daß unser Ministerpräsident in Bad Hausen bei bester Stimmung einen Wurstsalat, einen Obatztn sowie mehrere Glas Bier zu sich genommen hat.

Erst vor kurzem hat der Gemeinderat von Bad Hausen beschlossen, und zwar einstimmig, daß gegenüber unserem Rathaus eine Skulptur aufgestellt wird, die ein lokaler Künstler modelliert, und zwar eine Benzinpumpe aus Bronze, circa zwei Meter hoch. Ja, liebe Gäste, Sie merken, ich bin bei dem, was ich Ihnen da erzähle, ein bissel gerührt.

Aber man darf doch stolz sein auf eine Heimat, wo ma sagt, Herrgott, so a Hoamatl, is des schee.

Aber jetzt noch ein paar *facts* und *informations* über Bad Hausen. Bad Hausen liegt wie gesagt 763 Meter über dem Meeresspiegel, und es hat derzeit 682 Einwohner und verfügt über eine Bettenkapazität von 8421 Betten. Es wird daran gedacht, die Bettenkapazität noch in diesem Jahrtausend um circa vierzig Prozent zu erhöhen, so daß wir mit ungefähr 12 000 Betten ins nächste Jahrtausend hineingehen. Bei einer Bettenauslastung von, sagen wir, neunzig Prozent wären das ungefähr 12 800 Übernachtungen pro Höhenmeter – damit lägen wir um sechsundzwanzig Prozent unter dem Kilimandscharo. Selbst Orte wie St. Moritz oder St. Anton kommen da in Bedrängnis, wenn wir von 682 Einwohnern ausgehen.

Aber zum Schluß noch: Was erwartet den Gast in Bad Hausen – der Phantasie sind keine Grenzen gesetzt natürlich – *mountain climbing* – *mountain biking* – *river rafting* – aber wer will, kann auch *hiking* und *bird watching* machen – *mushroom searching* – *freebenching* – *freshair snapping, original candlelight brotzeiting, Schmei sniffing* oder, wenn's beliebt, auch nur amal *unforced time passing* und *televisioning.*

Bad Hausen empfiehlt sich besonders auch für Senioren, weil es besonders ruhig ist bei uns, die ruhigsten 763 Meter Mitteleuropas, weil durch unsere Entwicklung unser Ort besonders kinder- und jugendfrei ist. Also, herzlich willkommen in Bad Hausen. Heartly welcome to Bath Housen.

— Geahnt hatte er es schon lange. —

Kurt Tucholsky

Sieben Gespenster

Professor Budweis von der Metaphysischen Universität New Callen hat nach langjährigen Forschungen ein zwei Pfund schweres Buch über die Klassifikation der landläufigen und seltener auftauchenden Gespenster geschrieben, aus dem wir hier einige Auszüge wiedergeben.

Das gemeine Hausgespenst

Nachts, wenn die ersten Möbel knacken (auch bezahlte Möbel knacken, aus Angst, sie fürchten sich so) – nachts, wenn die ersten Strahlen des sanften Mondes milchig durchs Fenster glimmen – nachts gegen halb ein Uhr erhebt sich das gemeine Hausgespenst. Hausgespenster erscheinen niemals um die Mitternachtsstunde – sie verschlafen die Zeit. Die meisten lassen sich durch die Ehemänner wecken, die gegen halb eins nach Hause kommen. Der Schlüssel knirscht, die Tür klappt, die Gattin fährt erschreckt aus dem Schlaf auf und fragt ein bisschen laut: »Wieviel Uhr ist es?« – Dann erwachen die Gespenster.

Das Hausgespenst geht zunächst an den Likörschrank und nimmt dort einen kleinen Schluck. Morgens wird die Hausfrau fragen: »Marie! Waren Sie bei dem Curaçao?« – »Nein«, sagt Marie. Man wird ihr nicht glauben. Das Gespenst schüttelt dann betrübt den Kopf – es mag diese süßen Liköre nicht, andere sind nicht da – und begibt sich hierauf mit großen Schritten an den Wäscheschrank. Es entnimmt demselben eine Menge kleiner Taschentücher, immer hat es den Schnupfen, nachts spuken ist eine mühselige und gesundheitsschädliche Sache – es schnauft und schneuzt sich. Nachher fehlen Taschentücher. Haben Ihnen noch nie Taschentücher gefehlt?

Hierauf begibt sich das Gespenst, immer noch in die hohle Hand hustend, auf das grüne Sofa, setzt sich und nimmt übel. Dann spukt es.

Hausgespenster sind entsetzlich faul. Die Konkurrenz von Dienstmädchen, bösen Verwandten und herumschlurrenden brummigen Männern haben ihnen jede Lust genommen, sich sehr stark zu betätigen. Im Großen und Ganzen begnügen sich Hausgespenster damit, die üblichen kleinen Arbeiten zu verrichten, als da sind: der Hausfrau den Schlüsselbund zu verstecken, ein bisschen Rizinusöl in den Tee zu tun, der morgen früh getrunken werden soll, einige Ziffern im Haushaltungsbuch auszuradieren, acht Mark aus der Kasse zu nehmen (der Etat eines Gespenstes ist hoch: Laken, in denen zu spuken ist, sind entsetzlich teuer, Ersatzknochen auch) – den linken Pantoffel des Hausherrn zu verstecken. Der Pantoffel ist ein Ding, das nur in der Einzahl vorkommt, wie jeder weiß. Das Hausgespenst ist harmlos, leicht verdummt durch den nächtlichen Umgang mit immer denselben Menschen, gewöhnlich schwer verliebt in die Köchin (daher haben so viele Köchinnen Albdrücken) und im Großen und Ganzen ein netter Mitbewohner.

Jede Wohnung hat *ihr* Hausgespenst. Gespenster ziehen nicht mit um, wenigstens ist das sehr, sehr selten. Manche Gespenster fahren nachts

Fahrstuhl – dann funktioniert der am nächsten Morgen nicht, wofür die Mieter fälschlich den Wirt verantwortlich machen.
Das Hausgespenst schläft am Tag oben auf den Gardinenstangen und träumt. Herrscht großer Familienkrach im Hause, so kommt es vor, dass es die Gardinenstange herunterwirft.

Das Geschäftsgespenst

Bürogespenster gespenstern nur am Tage. Nachts schlafen sie. (In Tintenfässern und Schreibmaschinen – daher Kleckse und verwickelte Farbbänder.) Das Geschäftsgespenst steht morgens mit dem Glockenschlag acht Uhr auf, wirft zunächst der Reinemachefrau den Eimer um, dass man die zehn Häuser weit fluchen hört, und begibt sich nunmehr an die Arbeit. Ein emsiges und einigermaßen gesundes Geschäftsgespenst richtet in den vier Morgenstunden bis zur Mittagspause Folgendes an:
Privatpost für den Chef wird sorgfältig auf die Tischkante gelegt, eine Bewegung, und der ganze Salat fliegt auf den Boden. Der Tag fängt schön an! Grinsend schleift das Gespenst zur Tür hinaus. Sticht mit einer kleinen Büroklammer, die der Buchhalter wie wild sucht, den Prokuristen in die Kehrseite – der fährt auf, wie von der Tarantel gestochen, und sucht nach Rosshaaren im Stuhl. Findet keine. Setzt sich wieder hin und verrechnet sich. Gespenst ab. Legt den ›Uhu‹ oben auf einen Aktenstoß in der Rechnungsabteilung, einer der Direktoren tobt durch die Zimmer, sein rollendes Auge bleibt auf dem bunten Um-

schlag haften, donnernd: »Was ist das?« Niemand wagt zu antworten: »Sie Ochse, ein Korsett.« Krach, Radau, dicke Köpfe, lange Gesichter. Gespenst strahlend davon. Begibt sich nunmehr zum Frühstück in die Kantine, frisst dort das gute Essen weg – hat schon mal einer in einer Kantine gut zu essen bekommen? Also – und tritt seinen Nachmittagsdienst an. Am Telefon.

Geschäftsgespenster sind alle sehr gute Sportsleute und leben lange. Das macht das gesunde Training am Telefon. »Fräulein! Moritzplatz 66 05!« Gespenst nimmt die beiden 6, stellt sie auf den Kopf, jetzt sind es zwei 9 – es meldet sich mitnichten: »Allgemeine Commerzzentrale A.G.«, sondern leider: »Emmy Budicke. Sie wünschen?« – Gott verdamm mich! Gespenst zieht sich ganz lang auf den Drähten, hält sie alle mit einer eisernen Knochenfaust zusammen, das Amt muckt sich nicht. Der Mann im Büro läuft rot an, haucht die Zentrale an, die Zentrale wackelt mit dem Klinker auf und ab, knack, knack, knack – das Gespenst hat wunderbar ausgebildete Finger und eine herrliche Kraft in den Gelenken. Nichts. Das Gespenst haucht in den Draht: »Scheren Sie sich aus der Leitung!« – Hei! Büro in Flammen! »Gehen *Sie* doch aus der Leitung! Lümmel! Was fällt Ihnen ein?« – Gespenst setzt sich auf das Telefon. Telefon kaputt.

Es gibt große Unternehmen, die bis zu acht Gespenstern haben, spezialisierte Kräfte. Sie unterliegen keinem Tarif.

Das Börsengespenst

Das Börsengespenst ist das einzige dicke Gespenst, das es gibt. Es hat einen Bauch (die sogenannte aura). Das Restaurant in allen Börsen der Welt ist sehr gut, es hat nie Abfälle (aber das Gespenst eine aura). Das Börsengespenst kommt um zwölf Uhr von der großen Börsenuhr herunter, wo es auf den Zeigern zusammengekrümmt geruht hat, angenehm wird es im Schlaf rundum gedreht – kommt herunter und hatscht durchs dichteste Gedränge. »An mich!« Wer hat das gerufen? Eine ganze Gruppe ist in Aufregung! Irrtümer, Differenzen, Börsenschiedsgericht. Es schleicht zur Kurstafel, wischt die Zahlen auf, eine Hausse hebt, dass den Baissiers ganz angst und bange wird – warum? weshalb? wieso? Es steht geschrieben, die Ziffern stürzen, das Gespenst führt Hände, drückt Kreidestücke, zerbrochen sitzt Emmy Budicke heute abend am Frisiertisch – Chinchillapelz –: Nase. Das Gespenst nimmt sich einen dicken Börsianer vor, flüstert ihm unhörbar etwas ins Ohr, der Mann wird nachdenklich, seine Stirn zieht er in Falten, er wiegt den Kopf – flüstert dem rechten Nebenmann etwas zu, der wird sehr ernst, die Börse tuschelt – durch alle Räume läuft es: Das Gerücht. ›Nervöse Grundstimmung‹ steht abends in der Zeitung. Das Börsengespenst macht künstliche Hausse in Anleihen, blödsinnige Baissen in Gummiwerten, lotst die ältesten Bankchefs persönlich auf den Markt, sofort werden sie herantelefoniert, was ist denn, was ist denn los –? Das Gespenst war los.

Alle Börsengespenster haben Konten auf vielen Banken, geheimnisvolle

Konten, die in den Bilanzen spuken – niemand weiß etwas Genaues. Kein Börsengespenst zahlt – im Gegensatz zu allen andern Menschen – die vollen Steuern. Man sollte es kaum für möglich halten –!

Das Theatergespenst

Das Theatergespenst wohnt im Fundus. Keine Ritterrüstung, keine Salondamenrobe, kein Pappstück wird herausgegeben, ohne dass es nicht mit seinen hagern Knochenhänden darüber hinführe. Will es heraus, so setzt es sich rittlings auf die Versatzstücke und lässt sich auf die Probe tragen. Dort blättert es leise wie der Wind im Manuskript des Regisseurs, entwendet vorsichtig die Seite, die gerade gebraucht wird, schraubt den Souffleurkastendeckel etwas tiefer, damit sich die Souffleuse abends den Kopf stößt, und guckt zu, was da oben geschieht.

»Lass mich in deiner Seele Kammern
nachts ruhen – ich will mich an dich klammern!«

Halt –! Der Regisseur unterbricht. »Fräulein Morton, ein wenig weiter nach vorn!« Das Gespenst ist ganz leise hinter die Schauspielerin getreten.

»Lass mich in deiner Seele Kammern
nachts ruhen – –!«

»Man versteht kein Wort!« heult der Regisseur. Das Gespenst tastet vorsichtig die Garderobe der Künstlerin ab.

»Lass mich in deiner Seele Kammern
nachts – –!«

»Aufpassen! Aufpassen!« – Ratsch – beide Untertaillenbänder sind gerissen. Katastrophe. Garderobiere! Garderobiere! Der Regisseur bekommt seinen kleinen Morgen-Schlaganfall. Das Gespenst setzt sich in die Kasse, bringt die Rapporte ein bisschen durcheinander, verlegt die Trompete, die abends zum Signalblasen hinter der Szene gebraucht wird, und wartet die Abendvorstellung ab.

Abends halb sieben. Das Gespenst setzt sich auf die elektrischen Glühbirnen am Eingang, kreuzt Bein über Bein und wärmt sich. Es wird ihm warm, wärmer, heiß. Fieber schütteln seinen Körper. Jetzt ist es so weit. Das Gespenst begibt sich in die Garderoben und steckt die Darsteller an: Lampenfieber. Die Bühne zittert vor Nervosität. Die junge Schauspielerin wankt auf die Szene – »Die Morton!« summt es im Publikum –, sie spricht.

»Lass mich in deiner Seele Klammern –
kammern – –«

Das Gespenst hält ihr den Mund zu. Pause. Tausend Herzen hören auf zu schlagen. Was nun –? Das Gespenst, rasch wie ein Blitz, hinunter ins Parkett, da kommt einer zu spät, es schlägt den Klappsessel hoch, der Mann plumpst zu Boden, Fräulein Morton kann wieder sprechen ...

Theatergespenster sind tierliebend: Sie halten sich alle Vögel, daher gibt es nirgends so viel Vögel wie grade im Theater. Manche halten sich im Käfig einen Pleitegeier.

Das Liebesgespenst

Das Liebesgespenst übt sein Gewerbe im Umherziehen aus. Es hat stets alte Fotografien bei sich und kann ein schönes Lied singen: »Ja – hättest du damals!« Dann werden Liebende leicht nachdenklich. Das Liebesgespenst hat kein Geschlecht, bewegt sich in Frauenröcken wie in Herrenfräcken und wirft auf weiße Vorhänge mit einer kleinen Laterna magica bunte Bilder: Sieh, wie hübsch Arthur ist! Was hältst du von Helene –? Das Liebesgespenst hat ein Salzbüchschen, damit streut es den Liebenden Salz ins Herz. Es verändert Frisuren, lässt Bartstoppeln wachsen, verdirbt manchmal mit einer künstlich erzeugten Sommersprosse ganze Ehen und ist an sämtlichen Überraschungen (»Himmel, mein Mann!«) schuld. Das Liebesgespenst gespenstert durch Bälle, auf Tanzdielen, durch Schlafzimmer und Salons – es macht Männer zur Unzeit korpulent und Frauen unvorteilhaft dünn. Es hat noch nie Liebende zueinander und zusammengebracht – es ist ein Gegner der Liebe. Manchmal bringt es aber doch ein Paar zusammen – das ist dann aber auch danach. Liebesgespenster sind Optiker – sie setzen den in Mitleidenschaft gezogenen Parteien Brillen auf, schwarze, rosenrote, gebatikte …

Das Liebesgespenst kommt in allen Weltteilen wild vor.

Das Liebesgespenst gaukelt dem Verliebten das Mädchen vor, betörend. Hat er sie, dreht es eine Lampe auf – entzaubert, enttäuscht, melancholisch sieht der Düpierte, was er sich da eingekauft hat. Dann geht ein trocknes Rascheln durchs Zimmer. Das Gespenst hat gelacht. »Was war das?« haucht die verliebte Braut. »Nichts – meine Hosenträger!« sagt der Bräutigam.

Allerhand Gespenster

Es gibt noch allerhand Gespenster – Renngespenster, Kinogespenster (prominente teurer), Literatur- und Kunstgespenster, die durch die Zeit gespenstern und gar nicht wissen, dass sie schon längst tot sind, Postgespenster, Bürokratengespenster, Schulgespenster und Soldatengespenster (siehe Budweis, II, 176–586).

Spiritistische Gespenster

Fehlanzeige.

Mittel gegen Gespenster

Es gibt ein Mittel gegen Gespenster. Man braucht einem jungen Gespenst nur zu sagen: »Du! Wenn du nicht artig bist, dann hole ich den Menschen! Der wird heute nacht spuken! Du sollst mal sehen: so einen richtigen dicken, fetten Aktiengesellschaftsdirektor und seine Frau!« – – dann nimmt das Gespenst seinen Kopf unter den Arm und läuft, wehenden Lakentuches, klapper, klapper, klapper – davon.

Anonym

Dieser Kerl

Wie ich eines Tages die Straße entlangging, sah ich diesen Kerl mir entgegenkommen, und weißt du, ich hätte schwören können, er war's, und weißt du, er hätte schwören können, ich war's.
Wir kamen einander näher, und ich war ganz sicher, er war's, und er war ganz sicher, ich war's.
Wir kamen noch näher, und ich war verdammt sicher, er war's, und er war verdammt sicher, ich war's.
Wie wir nur noch ein paar Meter auseinander waren, war ich vollkommen überzeugt, er war's, und er war vollkommen überzeugt, ich war's.
Und weißt du was, wie wir nebeneinander stehen, da war's keiner von uns!

Englisches Volksmärchen

Wolfgang Borchert

Schischyphusch oder Der Kellner meines Onkels

Dabei war mein Onkel natürlich kein Gastwirt. Aber er kannte einen Kellner. Dieser Kellner verfolgte meinen Onkel so intensiv mit seiner Treue und mit seiner Verehrung, dass wir immer sagten: Das ist sein Kellner. Oder: Ach so, sein Kellner.

Als sie sich kennenlernten, mein Onkel und der Kellner, war ich dabei. Ich war damals gerade so groß, dass ich die Nase auf den Tisch legen konnte. Das durfte ich aber nur, wenn sie sauber war. Und immer konnte sie natürlich nicht sauber sein. Meine Mutter war auch nicht viel älter. Etwas älter war sie wohl, aber wir waren beide noch so jung, dass wir uns ganz entsetzlich schämten, als der Onkel und der Kellner sich kennenlernten. Ja, meine Mutter und ich, wir waren dabei.

Mein Onkel natürlich auch, ebenso wie der Kellner, denn die beiden sollten sich ja kennenlernen und auf sie kam es an. Meine Mutter und ich waren nur als Statisten dabei und hinterher haben wir es bitter verwünscht, dass wir dabei waren, denn wir mussten uns wirklich sehr schämen, als die Bekanntschaft der beiden begann. Es kam dabei nämlich zu allerhand erschrecklichen Szenen mit Beschimpfung, Beschwerden, Gelächter und Geschrei. Und beinahe hätte es sogar eine Schlägerei gegeben. Dass mein Onkel einen Zungenfehler hatte, wäre beinahe der Anlass zu dieser Schlägerei geworden. Aber dass er einbeinig war, hat die Schlägerei dann schließlich doch verhindert.

Wir saßen also, wir drei, mein Onkel, meine Mutter und ich, an einem sonnigen Sommertag nachmittags in einem großen prächtigen bunten Gartenlokal. Um uns herum saßen noch ungefähr zwei- bis dreihundert andere Leute, die auch alle schwitzten. Hunde saßen unter den schattigen Tischen und Bienen saßen auf den Kuchentellern. Oder kreisten um die Limonadengläser der Kinder. Es war so warm und so voll, dass die Kellner alle ganz beleidigte Gesichter hatten, als ob das alles nur stattfände aus Schikane. Endlich kam auch einer an unseren Tisch.

Mein Onkel hatte, wie ich schon sagte, einen Zungenfehler. Nicht bedeutend, aber immerhin deutlich genug. Er konnte kein s sprechen. Auch kein z oder tz. Er brachte das einfach nicht fertig. Immer wenn in einem Wort so ein harter s-Laut auftauchte, dann machte er ein weiches feuchtwässeriges sch daraus. Und dabei schob er die Lippen weit vor, dass sein Mund entfernte Ähnlichkeit mit einem Hühnerpopo bekam. Der Kellner stand also an unserem Tisch und wedelte mit seinem Taschentuch die Kuchenkrümel unserer Vorgänger von der Decke. (Erst viele Jahre später erfuhr ich, dass es nicht sein Taschentuch, sondern eine Art Serviette gewesen sein muss.) Er wedelte also damit und fragte kurzatmig und nervös:

»Bitte schehr? Schie wünschen?«

Mein Onkel, der keine alkoholarmen Getränke schätzte, sagte gewohnheitsmäßig:

»Alscho: Schwei Aschbach und für den Jungen Schelter oder Brausche. Oder wasch haben Schie schonscht?«
Der Kellner war sehr blass. Und dabei war es Hochsommer und er war doch Kellner in einem Gartenlokal. Aber vielleicht war er überarbeitet. Und plötzlich merkte ich, dass mein Onkel unter seiner blanken braunen Haut auch blass wurde. Nämlich als der Kellner die Bestellung der Sicherheit wegen wiederholte:
»Schehr wohl. Schwei Aschbach. Eine Brausche. Bitte schehr.«
Mein Onkel sah meine Mutter mit hochgezogenen Brauen an, als ob er etwas Dringendes von ihr wollte. Aber er wollte sich nur vergewissern, ob er noch auf dieser Welt sei. Dann sagte er mit einer Stimme, die an fernen Geschützdonner erinnerte:
»Schagen Schie mal, schind Schie wahnschinnig? Schie? Schie machen schich über mein Lischpeln luschtig? Wasch?«
Der Kellner stand da und dann fing es an, an ihm zu zittern. Seine Hände zitterten. Seine Augendeckel. Seine Knie. Vor allem aber zitterte seine Stimme. Sie zitterte vor Schmerz und Wut und Fassungslosigkeit, als er sich jetzt Mühe gab, auch etwas geschützdonnerähnlich zu antworten:
»Esch ischt schamlosch von Schie, schich über mich schu amüschieren, taktlosch ischt dasch, bitte schehr.«
Nun zitterte alles an ihm. Seine Jackenzipfel. Seine pomadenverklebten Haarsträhnen. Seine Nasenflügel und seine sparsame Unterlippe.
An meinem Onkel zitterte nichts. Ich sah ihn ganz genau an: Absolut nichts. Ich bewunderte meinen Onkel. Aber als der Kellner ihn scham-

los nannte, da stand mein Onkel doch wenigstens auf. Das heißt, er stand eigentlich gar nicht auf. Das wäre ihm mit seinem einen Bein viel zu umständlich und beschwerlich gewesen. Er blieb sitzen und stand dabei doch auf. Innerlich stand er auf. Und das genügte auch vollkommen. Der Kellner fühlte dieses innerliche Aufstehen meines Onkels wie einen Angriff und er wich zwei kurze zittrige unsichere Schritte zurück. Feindselig standen sie sich gegenüber. Obgleich mein Onkel saß. Wenn er wirklich aufgestanden wäre, hätte sich sehr wahrscheinlich der Kellner hingesetzt. Mein Onkel konnte es sich auch leisten, sitzen zu bleiben, denn er war noch im Sitzen ebenso groß wie der Kellner und ihre Köpfe waren auf gleicher Höhe.

So standen sie nun und sahen sich an. Beide mit einer zu kurzen Zunge, beide mit demselben Fehler. Aber jeder mit einem völlig anderen Schicksal.

Klein, verbittert, verarbeitet, zerfahren, fahrig, farblos, verängstigt, unterdrückt: der Kellner. Der kleine Kellner. Ein richtiger Kellner: Verdrossen, stereotyp höflich, geruchlos, ohne Gesicht, numeriert, verwaschen und trotzdem leicht schmuddelig. Ein kleiner Kellner. Zigarettenfingrig, servil, steril, glatt, gut gekämmt, blaurasiert, gelbgeärgert, mit leerer Hose hinten und dicken Taschen an der Seite, schiefen Absätzen und chronisch verschwitztem Kragen – der kleine Kellner.

Und mein Onkel? Ach, mein Onkel! Breit, braun, brummend, basskehlig, laut, lachend, lebendig, reich, riesig, ruhig, sicher, satt, saftig – mein Onkel!

Der kleine Kellner und mein großer Onkel. Verschieden wie ein Karrengaul vom Zeppelin. Aber beide kurzzungig. Beide mit demselben Fehler. Beide mit einem feuchten wässerigen weichen sch. Aber der Kellner ausgestoßen, getreten von seinem Zungenschicksal, bockig, eingeschüchtert, enttäuscht, einsam, bissig.

Und klein, ganz klein geworden. Tausendmal am Tag verspottet, an jedem Tisch belächelt, belacht, bemitleidet, begrinst, beschrien. Tausendmal an jedem Tag im Gartenlokal an jedem Tisch einen Zentimeter in sich hineingekrochen, geduckt, geschrumpft. Tausendmal am Tag bei jeder Bestellung an jedem Tisch, bei jedem »bitte schehr« kleiner, immer kleiner geworden. Die Zunge, gigantischer unförmiger Fleischlappen, die viel zu kurze Zunge, formlose zyklopische Fleischmasse, plumper unfähiger roter Muskelklumpen, diese Zunge hatte ihn zum Pygmäen erdrückt: kleiner, kleiner Kellner!

Und mein Onkel! Mit einer zu kurzen Zunge, aber: als hätte er sie nicht. Mein Onkel, selbst am lautesten lachend, wenn über ihn gelacht wurde. Mein Onkel, einbeinig, kolossal, slickzungig. Aber Apoll in jedem Zentimeter Körper und jedem Seelenatom. Autofahrer, Frauenfahrer, Herrenfahrer, Rennfahrer. Mein Onkel, Säufer, Sänger, Gewaltmensch, Witzereißer, Zotenflüsterer, Verführer, kurzzungiger sprühender, sprudelnder spuckender Anbeter von Frauen und Kognak. Mein Onkel, saufender Sieger, prothesenknarrend, breitgrinsend, mit viel zu kurzer Zunge, aber: als hätte er sie nicht!

So standen sie sich gegenüber. Mordbereit, todwund der eine, lachfertig, randvoll mit Gelächtereruptionen der andere. Ringsherum sechs- bis siebenhundert Augen und Ohren, Spazierläufer, Kaffeetrinker, Kuchenschleckerer, die den Auftritt mehr genossen als Bier und Brause und Bienenstich. Ach, und mittendrin meine Mutter und ich. Rotköpfig, schamhaft, tief in die Wäsche verkrochen. Und unsere Leiden waren erst am Anfang.

»Schuchen Schie schofort den Wirt, Schie aggreschiver Schpatsch, Schie. Ich will Schie lehren, Gäschte schu inschultieren.«

Mein Onkel sprach jetzt absichtlich so laut, dass den sechs- bis siebenhundert Ohren kein Wort entging. Der Asbach regte ihn in angenehmer Weise an. Er grinste vor Wonne über sein großes gutmütiges breites braunes Gesicht. Helle salzige Perlen kamen aus der Stirn und trudelten abwärts über die massiven Backenknochen. Aber der Kellner hielt alles an ihm für Bosheit, für Gemeinheit, für Beleidigung und Provokation. Er stand mit faltigen hohlen leise wehenden Wangen da und rührte sich nicht von der Stelle.

»Haben Schie Schand in den Gehörgängen? Schuchen Schie den Beschitscher, Schie beschoffener Schpaschvogel. Losch, oder haben Schie die Hosche voll, Schie mischgeschtalteter Schwerg?«

Da fasste der kleine kleine Pygmäe, der kleine slickzungige Kellner, sich ein großmütiges, gewaltiges, für uns alle und für ihn selbst überraschendes Herz. Er trat ganz nah an unsern Tisch, wedelte mit seinem Taschentuch über unsere Teller und knickte zu einer korrekten Kellnerverbeugung zusammen. Mit einer kleinen männlichen und entschlossen leisen Stimme, mit überwältigender zitternder Höflichkeit sagte er: »Bitte schehr!« und setzte sich klein, kühn und kaltblütig auf den vierten freien Stuhl an unserem Tisch. Kaltblütig natürlich nur markiert. Denn in seinem tapferen kleinen Kellnerherzen flackerte die empörte Flamme der verachteten gescheuchten missgestalteten Kreatur. Er hatte auch nicht den Mut, meinen Onkel anzusehen. Er setzte sich nur so klein und sachlich hin und ich glaube, dass höchstens ein Achtel seines Gesäßes den Stuhl berührte. (Wenn er überhaupt mehr als ein Achtel besaß – vor lauter Bescheidenheit.) Er saß, sah vor sich hin auf die kaffeeübertropfte grauweiße Decke, zog seine dicke Brieftasche hervor und legte sie immerhin einigermaßen männlich auf den Tisch. Eine halbe Sekunde riskierte er einen kurzen Aufblick, ob er wohl zu weit gegangen sei mit dem Aufbumsen der Tasche, dann, als er sah, dass der Berg, mein Onkel nämlich, in seiner Trägheit verharrte, öffnete er die Tasche und nahm ein Stück pappartiges zusammengekniffenes Papier heraus, dessen Falten das typische Gelb eines oftbenutzten Stück Papiers aufwiesen. Er klappte es wichtig auseinander, verkniff sich jeden Ausdruck von Beleidigtsein oder Rechthaberei und legte sachlich seinen kurzen abgenutzten Finger auf eine bestimmte Stelle des Stück Papiers. Dazu sagte er leise, eine Spur heiser und mit großen Atempausen:

»Bitte schehr. Wenn Schie schehen wollen. Schtellen Schie höflichscht schelbscht fescht. Mein Pasch. In Parisch geweschen. Barschelona. Oschnabrück, bitte schehr. Allesch ausch meinem Pasch schu erschehen. Und hier: Beschondere Kennscheichen: Narbe am linken Knie. (Vom Fußballspiel.) Und hier, und hier? Wasch ischt hier? Hier, bitte schehr: Schprachfehler scheit Geburt. Bitte schehr. Wie Schie schelbscht schehen!«

Das Leben war zu rabenmütterlich mit ihm umgegangen, als dass er jetzt den Mut gehabt hätte, seinen Triumph auszukosten und meinen Onkel herausfordernd anzusehen. Nein, er sah still und klein vor sich auf seinen vorgestreckten Finger und den bewiesenen Geburtsfehler und wartete geduldig auf den Bass meines Onkels.

Es dauerte lange, bis der kam. Und als er dann kam, war es so unerwartet, was er sagte, dass ich vor Schreck einen Schluckauf bekam. Mein Onkel ergriff plötzlich mit seinen klobigen viereckigen Tatmenschenhänden die kleinen flatterigen Pfoten des Kellners und sagte mit der vitalen wütend kräftigen Gutmütigkeit und der tierhaft warmen Weichheit, die als primärer Wesenszug aller Riesen gilt: »Armesch kleinesch Luder! Schind schie schon scheit deiner Geburt hinter dir her und hetschen?«

Der Kellner schluckte. Dann nickte er. Nickte sechs-, siebenmal. Erlöst. Befriedigt. Stolz. Geborgen. Sprechen konnte er nicht. Er begriff nichts. Verstand und Sprache waren erstickt von zwei dicken Tränen. Sehen konnte er auch nicht, denn die zwei dicken Tränen schoben sich vor seine Pupillen wie zwei undurchsichtige allesversöhnende Vorhänge. Er begriff nichts. Aber sein Herz empfing diese Welle des Mitgefühls wie eine Wüste, die tausend Jahre auf einen Ozean gewartet hatte. Bis an sein Lebensende hätte er sich so überschwemmen lassen können! Bis an seinen Tod hätte er seine kleinen Hände in den Pranken meines Onkels verstecken mögen! Bis in die Ewigkeit hätte er das hören können, dieses: Armesch kleinesch Luder!

Aber meinem Onkel dauerte das alles schon zu lange. Er war Autofahrer. Auch wenn er im Lokal saß. Er ließ seine Stimme wie eine Artilleriesalve über das Gartenlokal hinwegdröhnen und donnerte irgendeinen erschrockenen Kellner an:

»Schie, Herr Ober! Acht Aschbach! Aber losch, schag ich Ihnen! Wasch? Nicht Ihr Revier? Bringen Schie schofort acht Aschbach oder tun Schie dasch nicht, wasch?«

Der fremde Kellner sah eingeschüchtert und verblüfft auf meinen Onkel. Dann auf seinen Kollegen. Er hätte ihm gern von den Augen abgesehen (durch ein Zwinkern oder so), was das alles zu bedeuten hätte. Aber der kleine Kellner konnte seinen Kollegen kaum erkennen, so weit weg war er von allem, was Kellner, Kuchenteller, Kaffeetasse und Kollege hieß, weit weit weg davon.

Dann standen acht Asbach auf dem Tisch. Vier Gläser davon musste der fremde Kellner gleich wieder mitnehmen, sie waren leer, ehe er einmal geatmet hatte. »Laschen Schie dasch da nochmal vollaufen!« befahl mein Onkel und wühlte in den Innentaschen seiner Jacke. Dann pfiff er eine Parabel durch die Luft und legte nun seinerseits seine dicke Brieftasche neben die seines neuen Freundes. Er fummelte endlich eine zerknickte Karte heraus und legte seinen Mittelfinger, der die Maße eines Kinderarms hatte, auf einen bestimmten Teil der Karte.

»Schiehscht du, dummesch Häschchen, hier schtehtsch: Beinamputiert und Unterkieferschusch. Kriegschverletschung.« Und während er das sagte, zeigte er mit der anderen Hand auf die Narbe, die sich unterm Kinn versteckt hielt.

»Die Öösch haben mir einfach ein Schtück von der Schungenschpitsche abgeschoschen. In Frankreich damalsch.«
Der Kellner nickte.
»Noch bösche?« fragte mein Onkel.
Der Kellner schüttelte schnell den Kopf hin und her, als wollte er etwas ganz Unmögliches abwehren.
»Ich dachte nur schuerscht, Schie wollten mich utschen.«
Erschüttert über seinen Irrtum in der Menschenkenntnis wackelte er mit dem Kopf immer wieder von links nach rechts und wieder zurück.
Und nun schien es mit einmal, als ob er alle Tragik seines Schicksals damit abgeschüttelt hätte. Die beiden Tränen, die sich nun in den Hohlheiten seines Gesichtes verliefen, nahmen alle Qual seines bisherigen verspotteten Daseins mit. Sein neuer Lebensabschnitt, den er an der Riesentatze meines Onkels betrat, begann mit einem kleinen aufstoßenden Lacher, einem Gelächterchen, zage, scheu, aber von einem unverkennbaren Asbachgestank begleitet.
Und mein Onkel, dieser Onkel, der sich auf einem Bein, mit zerschossener Zunge und einem bärigen bassstimmigen Humor durch das Leben lachte, dieser mein Onkel war nun so unglaublich selig, dass er endlich endlich lachen konnte. Er war schon bronzefarben angelaufen, dass ich fürchtete, er müsse jede Minute platzen. Und sein Lachen lachte los, unbändig, explodierte, polterte, juchte, gongte, gurgelte – lachte los, als ob er ein Riesensaurier wäre, dem diese Urweltlaute entrülpsten. Das erste kleine neuprobierte Menschlachen des Kellners,

des neuen kleinen Kellnermenschen, war dagegen wie das schüttere Gehüstel eines erkälteten Ziegenbabys. Ich griff angstvoll nach der Hand meiner Mutter. Nicht dass ich Angst vor meinem Onkel gehabt hätte, aber ich hatte doch eine tiefe tierische Angstwitterung vor den acht Asbachs, die in meinem Onkel brodelten. Die Hand meiner Mutter war eiskalt. Alles Blut hatte ihren Körper verlassen, um den Kopf zu einem grellen plakatenen Symbol der Schamhaftigkeit und des bürgerlichen Anstandes zu machen. Keine Vierländer Tomate konnte ein röteres Rot ausstrahlen. Meine Mutter leuchtete. Klatschmohn war blass gegen sie. Ich rutschte tief von meinem Stuhl unter den Tisch. Siebenhundert Augen waren rund und riesig um uns herum. Oh, wie wir uns schämten, meine Mutter und ich.

Der kleine Kellner, der unter dem heißen Alkoholatem meines Onkels ein neuer Mensch geworden war, schien den ersten Teil seines neuen Lebens gleich mit einer ganzen Ziegenmeckerlachepoche beginnen zu wollen. Er mähte, bähte, gnuckte und gnickerte wie eine ganze Lämmerherde auf einmal. Und als die beiden Männer nun noch vier zusätzliche Asbachs über ihre kurzen Zungen schütteten, wurden aus den Lämmern, aus den rosigen dünnstimmigen zarten schüchternen kleinen Kellnerlämmern, ganz gewaltige hölzern meckernde steinalte weißbärtige blechscheppernde blödblökende Böcke.

Diese Verwandlung vom kleinen giftigen tauben verkniffenen Bitterling zum andauernd, fortdauernd meckernden schenkelschlagenden geckernden blechern blökenden Ziegenbockmenschen war selbst meinem Onkel etwas ungewöhnlich. Sein Lachen vergluckerte langsam wie ein absaufender Felsen. Er wischte sich mit dem Ärmel die Tränen aus dem braunen breiten Gesicht und glotzte mit asbachblanken sturerstaunten Augen auf den unter Lachstößen bebenden weißbejackten Kellnerzwerg. Um uns herum feixten siebenhundert Gesichter. Siebenhundert Augen glaubten, dass sie nicht richtig sahen. Siebenhundert Zwerchfelle schmerzten. Die, die am weitesten ab saßen, standen erregt auf, um sich ja nichts entgehen zu lassen. Es war, als ob der Kellner sich vorgenommen hatte, fortan als ein riesenhafter boshaft bähender Bock sein Leben fortzusetzen. Neuerdings, nachdem er wie aufgezogen einige Minuten in seinem eigenen Gelächter untergegangen war, neuerdings bemühte er sich erfolgreich, zwischen den Lachsalven, die wie ein blechernes Maschinengewehrfeuer aus seinem runden Mund perlten, kurze schrille Schreie auszustoßen. Es gelang ihm, so viel Luft zwischen dem Gelächter einzusparen, dass er nun diese Schreie in die Luft wiehern konnte.

»Schischyphusch!« schrie er und patschte sich gegen die nasse Stirn. »Schischyphusch! Schiiischyyyphuuusch!« Er hielt sich mit beiden Händen an der Tischplatte fest und wieherte: »Schischyphusch!« Als er fast zwei Dutzend mal gewiehert hatte, dieses »Schischyphusch« aus voller Kehle gewiehert hatte, wurde meinem Onkel das Schischyphuschen zuviel. Er zerknitterte dem unaufhörlich wiehernden Kellner mit einem einzigen Griff das gestärkte Hemd, schlug mit der anderen Faust auf den Tisch, dass zwölf leere Gläser an zu springen fingen, und donnerte ihn an: »Schlusch! Schlusch, schag ich jetscht. Wasch scholl dasch mit dieschem blödschinnigen schaudummen Schischyphusch?

Schlusch jetscht, verschtehscht du!« Der Griff und der gedonnerte Bass meines Onkels machten aus dem schischyphuschschreienden Ziegenbock im selben Augenblick wieder den kleinen lispelnden armseligen Kellner.

Er stand auf. Er stand auf, als ob es der größte Irrtum seines Lebens gewesen wäre, dass er sich hingesetzt hatte. Er fuhr sich mit dem Serviettentuch durch das Gesicht und räumte Lachtränen, Schweißtropfen, Asbach und Gelächter wie etwas hinweg, das fluchwürdig und frevelhaft war. Er war aber so betrunken, dass er alles für einen Traum hielt, die Pöbelei am Anfang, das Mitleid und die Freundschaft meines Onkels. Er wusste nicht: Hab ich nun eben Schischyphusch geschrien? Oder nicht? Hab ich schechsch Aschbach gekippt, ich, der Kellner dieschesch Lokalsch, mitten unter den Gäschten? Ich? Er war unsicher. Und für alle Fälle machte er eine abgehackte kleine Verbeugung und flüsterte: »Verscheihung!« Und dann verbeugte er sich noch einmal: »Verscheihung. Ja, verscheihen Schie dasch Schischyphuschgeschrei. Bitte schehr. Verscheihen der Herr, wenn ich schu laut war, aber der Aschbach, Schie wischen ja schelbscht, wenn man nichtsch gegeschen hat, auf leeren Magen. Bitte schehr darum. Schischyphusch war nämlich mein Schpitschname. Ja, in der Schule schon. Die gansche Klasche nannte mich scho. Schie wischen wohl, Schischyphusch, dasch war der Mann in der Hölle, diesche alte Schage, wischen Schie, der Mann im Hadesch, der arme Schünder, der einen groschen Felschen auf einen rieschigen Berg raufschieben schollte, eh, muschte, ja, dasch war der Schischyphusch, wischen Schie wohl. In der Schule muschte ich dasch immer schagen, immer diesch Schischyphusch. Und allesch hat dann gepuschtet vor Lachen, können Schie schich denken, werter Herr. Allesch hat dann gelacht, wischen Schie, schintemalen ich doch die schu kursche Schungenschpitsche beschitsche. Scho kam esch, dasch ich schpäter überall Schischyphusch geheischen wurde und gehänschelt wurde, schehen Schie. Und dasch, verscheihen, kam mir beim Aschbach nun scho insch Gedächtnisch, alsch ich scho geschrien habe, verschtehen. Verscheihen Schie, ich bitte schehr, verscheihen Schie, wenn ich Schie beläschtigt haben schollte, bitte schehr.«

Er verstummte. Seine Serviette war indessen unzählige Male von einer Hand in die andere gewandert. Dann sah er auf meinen Onkel.

Jetzt war der es, der still am Tisch saß und vor sich auf die Tischdecke sah. Er wagte nicht, den Kellner anzusehen. Mein Onkel, mein bärischer bulliger riesiger Onkel wagte nicht, aufzusehen und den Blick dieses kleinen verlegenen Kellners zu erwidern. Und die beiden dicken Tränen, die saßen nun in seinen Augen. Aber das sah keiner außer mir. Und ich sah es auch nur, weil ich so klein war, dass ich ihm von unten her ins Gesicht sehen konnte. Er schob dem still abwartenden Kellner einen mächtigen Geldschein hin, winkte ungeduldig ab, als der ihm zurückgeben wollte, und stand auf, ohne jemanden anzusehen.

Der Kellner brachte noch zaghaft einen Satz an: »Die Aschbach wollte ich wohl gern beschahlt haben, bitte schehr.«

Dabei hatte er den Schein schon in seine Tasche gesteckt, als erwarte er keine Antwort und keinen Einspruch. Es hatte auch keiner den Satz gehört und seine Großzügigkeit fiel lautlos auf den harten Kies des

Gartenlokals und wurde da später gleichgültig zertreten. Mein Onkel nahm seinen Stock, wir standen auf, meine Mutter stützte meinen Onkel und wir gingen langsam auf die Straße zu. Keiner von uns dreien sah auf den Kellner. Meine Mutter und ich nicht, weil wir uns schämten. Mein Onkel nicht, weil er die beiden Tränen in den Augen sitzen hatte. Vielleicht schämte er sich auch, dieser Onkel. Langsam kamen wir auf den Ausgang zu, der Stock meines Onkels knirschte hässlich auf dem Gartenkies und das war das einzige Geräusch im Augenblick, denn die drei- bis vierhundert Gesichter an den Tischen waren stumm und glotzäugig auf unseren Abgang konzentriert.

Und plötzlich tat mir der kleine Kellner leid. Als wir am Ausgang des Gartens um die Ecke biegen wollten, sah ich mich schnell noch einmal nach ihm um. Er stand noch immer an unserem Tisch. Sein weißes Serviettentuch hing bis auf die Erde. Er schien mir noch viel viel kleiner geworden zu sein. So klein stand er da und ich liebte ihn plötzlich, als ich ihn so verlassen hinter uns herblicken sah, so klein, so grau, so leer, so hoffnungslos, so arm, so kalt und so grenzenlos allein! Ach, wie klein! Er tat mir so unendlich leid, dass ich meinen Onkel an die Hand tippte, aufgeregt, und leise sagte: »Ich glaube, jetzt weint er.«

Mein Onkel blieb stehen. Er sah mich an und ich konnte die beiden dicken Tropfen in seinen Augen ganz deutlich erkennen. Noch einmal sagte ich, ohne genau zu verstehen, warum ich es eigentlich tat: »Oh, er weint. Kuck mal, er weint.«

Da ließ mein Onkel den Arm meiner Mutter los, humpelte schnell und schwer zwei Schritte zurück, riss seinen Krückstock wie ein Schwert

hoch und stach damit in den Himmel und brüllte mit der ganzen großartigen Kraft seines gewaltigen Körpers und seiner Kehle:
»Schischyphusch! Schischyphusch! Hörscht du? Auf Wiederschehen, alter Schischyphusch! Bisch nächschten Schonntag, dummesch Luder! Wiederschehen!«
Die beiden dicken Tränen wurden von den Falten, die sich jetzt über sein gutes braunes Gesicht zogen, zu nichts zerdrückt. Es waren Lachfalten und er hatte das ganze Gesicht voll davon. Noch einmal fegte er mit seinem Krückstock über den Himmel, als wollte er die Sonne herunterraken, und noch einmal donnerte er sein Riesenlachen über die Tische des Gartenlokals hin: »Schischyphusch! Schischyphusch!«
Und Schischyphusch, der kleine graue arme Kellner, wachte aus seinem Tod auf, hob seine Serviette und fuhr damit auf und ab wie ein wildgewordener Fensterputzer. Er wischte die ganze graue Welt, alle Gartenlokale der Welt, alle Kellner und alle Zungenfehler der Welt mit seinem Winken endgültig und für immer weg aus seinem Leben. Und er schrie schrill und überglücklich zurück, wobei er sich auf die Zehen stellte und ohne sein Fensterputzen zu unterbrechen:
»Ich verschtehe! Bitte schehr! Am Schonntag! Ja, Wiederschehen! Am Schonntag, bitte schehr!«
Dann bogen wir um die Ecke. Mein Onkel griff wieder nach dem Arm meiner Mutter und sagte leise: »Ich weisch, esch war schicher entschetschlich für euch. Aber wasch schollte ich andersch tun, schag schelbscht. Scho'n dummer Hasche. Läuft nun schein ganschesch Leben mit scho einem garschtigen Schungenfehler herum. Armesch Luder dasch!«

Erich Rollmopser demonstriert seiner Frau, wie schrecklich manche Tiefseefische aussehen.

Axel Hacke

Mach ma dodici

Einer der Gründe, warum Paola Paola heißt, ist: Einer ihrer Großväter war Italiener. Er lebte in einem kleinen ligurischen Dorf unweit des Meeres. Als Paola noch klein war, verbrachte sie dort oft ihre Ferien. Die Folge: Sie kennt, erstens, in dem Dorf fast jeden und sie spricht, zweitens, perfekt Italienisch.

Mein Großvater war Westfale. Er lebte in einem kleinen Dorf weit entfernt vom Meer. Als ich klein war, verbrachte ich dort oft meine Ferien. Die Folge: Ich kenne, erstens, in dem Dorf fast jeden und ich spreche, zweitens, fast kein Italienisch.

Jedes Jahr aber fahren wir mindestens einmal in das Dorf, in dem Paola als Kind so oft war. Das geht schon lange so und allmählich wird es peinlich, dass ich immer noch nicht Italienisch kann. Das heißt: Ich kann natürlich ein bisschen. Ich kann *buon giorno* sagen, ich kann einkaufen gehen, ich kann in einem Restaurant etwas zu essen bestellen, sogar sehr flüssig, so flüssig, dass der Kellner in der Regel denkt, ich könne Italienisch. Sobald er aber sehr flüssig eine Rückfrage stellt, bin ich verloren. Ich verstehe ihn nicht. Paola muss für mich antworten. Schlimmer ist es, wenn einer von Paolas zahlreichen Kindheitsfreunden sich mit mir auf Italienisch zu unterhalten versucht und ich mich daraufhin auch mit ihm auf Italienisch zu unterhalten versuche, mich vielleicht sogar in das Gefühl hineinsteigere, tatsächlich Italienisch zu können, bis ich an den ratlosen Blicken meines Gegenübers merke, dass sich mein Italienisch vielleicht für mich selbst wie Italienisch anhört. Dass es aber keineswegs Italienisch *ist.*

Einmal sprach mich in München ein Asiate an. Er schien etwas zu fragen, aber ich verstand ihn nicht. Was er sprach, klang wie Deutsch, doch es war kein Deutsch. Er sagte zum Beispiel:

»Wu Bleistick das Niechenstein sum?«

Oder: »Ham Kambug Luckmeien schingen?«

Ich sagte, ich verstünde ihn nicht. Er sagte: »Wu Kambug Niechenstein das sum?« Ich musste ihm wieder sagen, dass ich kein Wort verstünde. Er wurde wütend, stampfte mit dem Fuß auf und sagte: »Bleistick Luckmeien schingen das!«

Er war fest überzeugt, Deutsch zu sprechen. Er dachte, ich wolle ihm einfach nicht helfen.

Bruno, mein alter Freund, wollte in einem italienischen Supermarkt mal Tee kaufen. Er fand ihn aber nicht, den Tee, stand ratlos herum, bis ein Italiener ihn fragte, ob er ihm helfen könne. »Voglio tè«, ich will Tee, stammelte Bruno, aber er sprach es nicht richtig aus, und der Italiener verstand »voglio te«, ich will dich, und hätte ihn beinahe gehauen. Na, das nur nebenbei.

Meistens rumpele ich meine Wünsche auf Italienisch hervor – dann sagt der Kellner auf Deutsch: »Sie sprechen aber sehr gut Italienisch.« Und fährt auf Deutsch fort. Die meisten italienischen Kellner sprechen ja deutsch, weil die meisten Leute, die sie bedienen, Deutsche sind, die kein Italienisch können, es aber verzweifelt versuchen.

Vor Jahren stand ich in München in einer der italienischen Bars, die an jeder Ecke aus dem Boden geschossen sind, als ein älterer Mann hereinkam. Er rief dem Barmann jovial zu: »Zwei Expresso, bitte!« Hinter ihm ging seine Frau. Sie wirkte wie von Peinlichkeit geschüttelt und rief über die Schulter ihres Mannes: »*Es*-presso! Duo *es*-presso!«
»*-si,* sagte ich. »Wie bitte?«, sagte sie. »Due espres-*si*«, sagte ich besserwisserisch. »Ja«, sagte sie. »Si«, sagte ich. »Ach so«, sagte sie ratlos.
So durchdringen sich die Sprachen gegenseitig. Sie werden vielleicht eines Tages ausgetauscht, indem alle Italiener Deutsch sprechen oder das, was sie dafür halten, und alle Deutschen Italienisch, oder das, was sie dafür halten. So entstehen neue Sprachen. Als die Frau die Kaffees, zwei Mineralwasser und ein Sandwich, das sie noch bestellt hatte, bezahlen wollte, sagte der Barmann:
»Elf Euro dreißig.« Sie sagte: »Mach ma dodici.«

Alexander Roda Roda

Kleines Abenteuer in Karlsbad

Gleich zu Beginn (ich hielt eine Vorlesung im Karlsbader Kursaal), schon während der ersten Gedichte fiel mir unter den Zuhörern ein Mann auf, der grinste mir auf besondre Weise zu; wollte offenbar erkannt sein. – Wer war es? Erikson aus Helsingfors, der alte Schwede, der Lyriker. – Ist der Bursche aber dick geworden!

Nachher in der Bar erklärte er mir: Der Fettansatz komme von der verdammten Prohibischen, die sie in Finnland haben. Wenn er nämlich nichts zu trinken hat, sagt Erikson, schmeckt ihm das Rauchen nicht; und wenn er nicht raucht, muss er Schokolade essen. Darum eben sei er aus Finnland weg, sagt er, habe die Lyrik aufgegeben und lebe in Karlsbad als Hoteldirektor. – Vom Lyriker zum Hoteldirektor – Donnerwetter, das nenn ich mir einen Aufstieg!

Pünktlich um Mitternacht sagte ich: »Genug, ich gehe.«

»Was??« maulte Erikson. »Sind Sie wahnsinnig, Roda? Jetzt – zu Bett?? Wo ich eben erst in Schwung gekommen bin??«

Ich hörte nicht auf ihn, winkte ihm freundlich und schritt von dannen. In die graue Nacht. – Die Straßen menschenleer. Wie in Karlsbad immer, von neun an.

Ich wohnte im Gasthof ... – im Gasthof ... – Warum den Namen verschweigen einer hübschen, alten, saubern Herberge mit so hübschen alten Biedermeiermöbeln? – Ich wohnte also im Gasthof Paradies.

Das Paradies lag finster. Selbstverständlich: Karlsbad – 0 Uhr 15 nach Mitternacht. – Ich klingelte.

Um 0 Uhr 30 klingelte ich noch immer.

Um 0 Uhr 35 begann ich zu trommeln. – Man glaubt nicht, was Türfüllungen, was Fensterscheiben an Gewalteingriffen aushalten, wenn man es nicht selbst einmal ernstlich versucht hat.

Um 1 Uhr kam die Straße her ein lahmer Mann, sah mir ein Weilchen zu, wie ich trommelte – dann sagte er:

»Warum leiten S' nicht?«

»Leiten??«

»No jo. Mit die Glocke? Mit dem Tupfer? Mit die Glingel?«

Ich klärte ihn über die Sachlage auf. Er überlegte und sprach: »Glauben S' mir, er schlofft. Der Nachtportihr schlofft.«

Und humpelte seiner Wege.

Ich schellte von 1 Uhr bis 1 Uhr 10, dann trommelte ich bis 1 Uhr 20. Zwei späte Wandrer waren bei mir stehengeblieben, beobachteten die Vorgänge.

»Belieben hier zu wohnen?« fragt der eine. »Weil sonst währ nehmlich komisch, dass Sie mechten hier so trommeln. – Wann man Ihnen aber nicht hineinlasst, Herr, werden schwärlich ein andres Quartier finden in Karlsbad – es is jetz nehmlich alles iberfillt mit Paschaschere.«

Und der andre:

»Haben, pittäh, bein alten k. und k. Infanterieregiment Nr. 42 gedient, pittäh? Ernst August Herzog von Kummberland? Weil, was Sie trommeln, is der Grenadiermarsch – den hat im alten Estreich iberhaupt nur ein Regement därfen trommeln – die Kummberlander – wegen ihre große Kienheit; in der Schlacht bei Aspern; gegen die Preisen.«

»Aber ich«, unterbrach der erste, »ich an Ihrer Stelle mechte lieber leiten.«

Diesmal hielt ich mit der Schilderung der Sachlage zurück, denn ich sah noch fünf andre Leute auftauchen aus verschiedenen Gegenden des Horizonts und wollte warten, bis sie alle zur Stelle wären, um mich nicht so oft wiederholen zu müssen. – Sie umstanden mich, und ich begann:

»Verehrte Anwesende! Meine Damen und Herren! Raten Sie mir nicht, zu klingeln, denn das tue ich seit Stunden. Helfen Sie mir lieber trommeln!«

Die Rede fand Beifall. Nun trommelten wir alle acht. Fünfzehn. Dreiundzwanzig.

»Wahrscheinlich schlofft er«, argwöhnten einige und schwanden entmutigt ab. – »Er dirfte schloffen, der Nachtportihr.«

Ein Fräulein, sehr niedlich, mit spanischen Fransen über den Schultern, sagte:

»Ich mecht ihm ja zu mir nähmen, den armen Herrn, dass er bei uns auf dem Sofa schlofft ...«

»No, warum nähmen S' nit, Fräuln Resi?« ermunterte sie ein alter Mann.

»Die Mutter war vielleicht bäs, wann ich mecht bei Nacht an Herrn mitbringen. Nachmittag is was andres.«

»Bis Nachmittag kann der arme Herr nit warten.«

Da kam der Schutzmann. Er hatte das Getöse von weitem gehört und entschied:
»Das is allenfalls nächtliche Ruhestärung.«
»Natirlich muss man ihn stären, den Nachtportihr, wann er schlofft.«
»Ich hab es satt«, sagte ich. »Wir werden das Tor gewaltsam öffnen.«
»Das mecht allenfalls ein Einbruch sein«, bemerkte der Schutzmann ganz richtig, – »aber« – und er zwinkerte mir vertraulich zu – »ich will nichts gsegen haben.« – Schon war er um die Ecke.
Zwölf Männer und drei Frauen halfen. Wir stießen und stemmten; zuerst ungeregelt – dann auf Kommando.
Ein Krach – die Tür des Paradieses flog aus den Angeln.
»Kude Nacht! Kude Nacht! Treimen Sie siß!« riefen die Leute; drückten mir warm die Hände – ja, sie warteten auf der Straße, die Guten, bis sie Licht bei mir oben sahen im dritten Stock – dann erst, mit herzlichen Wünschen für mein Wohlergehen, verlief sich die Menge.
– – – Am Morgen entschuldigte sich der Gastwirt bei mir aufs innigste. Das Versäumnis werde sich gewiss nie mehr wiederholen. Der Nachtportier sei fristlos entlassen – dieser versoffene Schwede Erikson aus Finnland.

Karl Valentin

Im Gärtnertheater

Ich weiß nicht mehr genau, war es gestern, oder war's im vierten Stock oben, da bin ich mit meiner Mutter ins Gärtnertheater gegangen. Wir haben zwei Billetten ghabt, eins hab ich ghabt und 's andere sie, und die zwei Billetten haben wir zusammengetan, und mit diesen *zwei* Billetten sind wir zu *einer* Vorstellung gangen.

Wir hätten uns zuerst bald nicht hineintraut, weil wir glaubt habn, ins Gärtnertheater dürfen nur die Gärtner hinein, wir haben aber vorsichtshalber in einem Auskunftsbüro telefonisch angfragt, und da hat's dann gheißen »Ja«, dann waren wir wenigstens sicher, daß wir uns nicht umsonst anzogen habn – weil wir unanzogn nicht ins Theater hineingangen wären.

Kaum sind wir drin gsessen – is's noch lang net angangen, da habn wir uns gedacht, jetzt wartn wir schon, bis es angeht, wenn wir schon positiv das Theaterstück sehen wollen, denn wegen dem Theaterstück sind wir hauptsächlich hineingegangen. No, wie wir so a halbe Stund drinsitzen, auf einmal – geht's noch nicht an. Ja, habn wir uns gedacht, wir zahln doch nicht fürs »noch net angehn«.

Auf einmal sind die Musiker hereinkommen, die habn sich gleich vorn an die Bühne hingsetzt, daß sie ja alles recht gut sehn und hörn, die andern Leut, wo zahln und 's Jahr vielleicht einmal ins Theater neinkommen, die dürfen sich hint hinsetzen.

Endlich is dann 's Theaterstück selbst angangen, jetzt das hat uns eigentlich weniger interessiert, weil's uns der Vater zu Haus schon erzählt hat, gehn habn wir aber auch nicht gleich wieder wolln, wenn wir schon extra deswegen hergangen sind.

Nach dem ersten Akt ist eine Pause gekommen, während der Pause haben sie überhaupt nicht gspielt, da is der Vorhang runtergangen, dann habn wir nicht mehr gsehn, wie's droben weiterspieln. Jetzt habn uns ich und meine Mutter gedacht, jetzt könnten wir eigentlich in den Erfrischungsraum naufgehn, weil's uns so heiß war; no, wir sind naufgangen, da habn wir uns gar nicht auskennt droben, da hat's Flaschenbier geben, Schokoladebonbons, belegte Brötchen und lauter so Zeugs, und ich und meine Mutter, wir haben uns den Erfrischungsraum so wie ein Brausebad vorgestellt.

No, dann sind wir wieder nuntergangen auf unsere Plätz, ins Parkett, da is uns beim nächsten Akt was Dumms passiert, da habn wir sehn wolln, ob auf der Bühne ein Teppich liegt, drum sind wir aufgstanden von unsere Sitz, derweil schrein s' hinter uns »setzen«; wie wir uns niedersetzen wolln, haben wir keine Sessel mehr, habn s' uns in diesem Moment d' Sessel gstohln.

Jetzt habn uns ich und meine Mutter, bis der Akt aus war, in der Kniebeuge so hinbuckln müssen, wissen S', wie uns d' Haxn weh getan habn; erst wie der Akt gar gewesen ist und wie das Theater heller wurde, sind wir auch heller worn, da sind wir draufgekommen, daß die Sitz bloß so naufgschnappt sind.

Nach dem vierten Akt war's dann beim Schluß gar, jetzt hat's uns erst

intressiert, wie das Theaterstück heißt, wo wir grad gsehen habn. Wir habn schon einen Theaterzettel dabeighabt, aber den alten, vom Hoftheater einen, aus »Lohengrün«, den habn wir uns nur mitgnommen, daß wir uns im Gärtnertheater nicht extra einen kaufen müssen, drum hat nix gstimmt drauf, weil das Stück, wo wir grad gsehen habn, hat der Herr neben uns gsagt, heißt »Bruder Straubinger«. Drum ist auch kein Schwan dahergekommen, anstatt dem Schwan is eben dann der Bruder kommen, der Straubinger. – Wir wärn dann schon noch sitzen blieben, aber die andern Leut sind schon alle drauß gwesen, haben wir uns denkt, gehn wir auch, und weil wir so müd warn, wärn wir gleich gefahren, weil grad, wie wir zum Theater naus sind, is a Auto drauß gstanden – drauß gstanden sind ja mehr, jetzt wir wärn bloß mit einem gefahrn, weil wir nicht mehr Geld dabeighabt haben.
Wie wir an das Auto hinkommen, fragt der Chauffeur, wo wir hinfahren wolln – da sind wir nicht gfahren, grad weil er so neugierig gewesen ist, und zweitens hätt sich ’s Fahren bei uns so nicht recht rentiert, weil wir gleich vis-à-vis vom Theater wohnen.
No, dann sind wir heim und ins Bett gegangen, d. h. nicht gegangen, sondern hineingestiegen, weil wir vom Zimmer bis zum Bett nicht gar so weit zum Gehen haben.
Wir haben die ganze Nacht geschlafen, wie wir in der Früh aufwachen, hat uns die ganze Nacht vom Theaterstück geträumt, habn wir das ganze Theaterstück im Bett gsehn, wissen S’, wie uns das Geld gereut hat für die zwei Billetten, wir haben uns aber verschworen, daß wir nie mehr ins Gärtnertheater gehen, außer wir sind den Tag vorher im Bett gelegen.

Arno Schmidt

Was soll ich tun?

Lesen ist schrecklich!

Wenn ich vom Helden höre, daß er sich zum Denken anschickt: »... er runzelte die Stirn, und preßte streng die Lippen aufeinander ...« – schon fühle ich, wie sich mein Gesicht, vorn, zu der gleichen pensiven Grimasse verformt! Oder: »... ein hochmütiges Lächeln spielte um seinen rechten Mundwinkel ...« – mein Gott, muß ich dabei albern aussehen; denn ich kann nun einmal nicht unsagbar hochmütig lächeln, und schon gar nicht mit dem rechten Mundwinkel für sich; das ist auch so eine Gabe, die mir das Schicksal versagt hat.

Das muß Vielen so gehen! Morgens, in der Straßenbahn sieht man deutlich die Verheerungen, die die Schriftsteller unter uns anrichten; wie sie uns ihre Gedankengänge, die verruchtesten Gebärden, aufzwingen. Gestern hob der junge Mensch mir gegenüber – er ist Student an der Technischen Hochschule, und las einen mir übrigens unbekannten ›Tennessee Williams‹ (so hießen in meiner Jugend allenfalls die exotischen Verbrechertypen, ›Alaska-Jim‹ und ›Palisaden-Emil‹!) – also der hob den Kopf, und besah mich mit so unverhüllter Mordgier, daß ich mir davor bebend den Hut tiefer in die Stirn zog; auch eine Station früher ausstieg (beinah wär ich zu spät ins Geschäft gekommen. Wahrscheinlich hatte er mich langsam von unten herauf in Scheiben geschnitten; oder in einen Sack gebunden, und mich von tobsüchtigen Irren mit Bleischuhen zertanzen lassen!).

Oh, der Zeitungsroman, der Zeitungsroman! Neulich stand mitten im Text die nichtswürdige Wendung: »... er wandte den Kopf, langsam, wie Löwen pflegen ...« – am nächsten Morgen machte die Hälfte der Mitfahrer den Eindruck, als hätte sie Genickstarre; sie blinzelten und schnarchten verächtlich verzögert. Auch mit den jungen Mädchen war an dem Tage nicht auszukommen; sie schienen alle die Taschentücher vergessen zu haben, und bestarrten uns Männer aufs unverschämteste. Erst später erfuhr ich, daß es im Konkurrenzblatt geheißen hatte: »... sie rotzte frech ...«

Von Kind auf habe ich darunter gelitten! Während der Lehrzeit bei Henschel & Cie. las ich einmal, wie ein junger Mann seinen Chef durch hohe Freimütigkeit derart gewann, daß er ihn später zum Teilhaber erkor –: am nächsten Tage wäre ich beinah geflogen!

Meine zweite Freundin – solche Figur hat heut Keine mehr! – habe ich dadurch verloren. Sie las – völlig richtig! – in den entscheidenden Tagen Heinses schwülen ›Ardinghello‹; während Satan mir die ›Mittlere Sammlung der Reden Gotamo Buddos‹ in die Narrenhände gespielt hatte: folglich versuchte ich soeben, meine Ration auf das dort vorgeschriebene eine Reiskorn pro Tag herabzustimmen (beziehungsweise dem landesüblicheren Magnum Bonum), und hoffte vermittels solcher Diät binnen kurzem die gebührenfreie Überwindung von Raum und Zeit zu erlangen. Hatte auch den Kopf voller Wendungen à la »... einsam, wie das Nashorn wandelt ...« und versuchte ihre Bluse erstorbenen

Willens zu besehen – ich kann mich selbst nicht mehr achten, wenn ich an jene Tage denke!

Dabei laboriere ich auch heute noch an den gleichen Problemen. Ich muß zwangsläufig und verstohlen die Lektüre meiner Frau kontrollieren, nur um zu wissen, was sie denkt. Ich tue das regelmäßig, seitdem sie einmal acht Tage lang so kalt und haßvoll tat, daß selbst ich Scheidungsgedanken erwog – bis ich herausfand, daß in ihrer Fortsetzungsgeschichte der Held soeben die Heldin betrogen hatte, und allerlei Haß und Wut stattfand. Ich habe schon versucht (heimlich, versteht sich!) sie zu lenken: indem ich ihr üppige Lektüre unterschob: es gibt ja Autoren, die einen Hautana mit Inhalt dergestalt zu beschreiben verstehen, daß selbst graubärtige Prokuristen toll werden. (Aber damit muß man auch vorsichtig sein, daß man nicht überdosiert; ich bin nicht mehr der Jüngste!). (Meinem Hauswirt müßte ich einmal eine Geschichte von edelmütigen Gläubigern in den Briefkasten schieben). Diese Brüder – die Dichter – machen letzten Endes mit Einem, was sie wollen; sei es, daß sie Einem die segensreichen Folgen des regelmäßigen Genusses von Sanella vorgaukeln; sei es, daß man nur noch in ihren Formeln, Wortfügungen, Redensarten stottern kann. Ich habe eine Sommerreise verschoben, nur weil ich vorher die genial-scheußliche Schilderung eines Eisenbahnunglücks gelesen hatte. Andererseits bin ich in die Emsmoore gefahren – meingott, was für ein Land!: mit den Bewohnern kann man sich nur durch Zeichen verständigen; nie werden die Füße trocken; und der Regen, der regnet jeglichen Tag – und nur, weil ein Dichter Liebesszenen dort lokalisiert hatte; Liebesszenen!: angeblich floß die Luft dort grundsätzlich heiß, wie flüssiges Glas; und die Mädchen nahmen freiwillig Stellungen ein, wie man sie sonst nur aus Tausendundeinernacht kennt – –: *ich will nicht mehr lesen!!*

Eigenen Gedanken soll ich mich überlassen? Davor möge mich Gott bewahren!: meist habe ich gar keine; und wenn wirklich, dann sind die auch nicht erste Qualität. Ich habe ja alles versucht; ich bin wissenschaftlich geworden; ich habe mir eine ganze Sammlung von Werken über den Mars angelegt, ausgesprochene Autoritäten, von Schröter über Schiaparelli bis Antoniadi und Graff: wenn ich dann im Geist über den rostroten Wüstenboden von Thyle I oder II wanderte, und in flechtenüberkrustete Felslabyrinthe einbog – bummelte nicht um die nächste Ecke schon Frau Hiller, einsam und listig? (Oder, noch schlimmer, die verdorbene Kleine vom Drogisten an der Ecke!). Geschichtliche Werke?: ich habe mich gewissenhaft in das Zeitalter Cromwells vertieft; und unverzüglich die Kollegen durch ein trotziges und verwildertes Benehmen überrascht; tat seltsame Schwüre: »Bei Gott und dem Covenant!«; unserm Einkäufer schlug ich vor, seinen Sohn zu taufen ›Obadja-bind-their-kings-in-chains-and-their-nobles-with-links-of-iron‹.

Schlafbücher müßte es geben: von zähflüssigstem Stil, mit schwer zu kauenden Worten, fingerlangen, die sich am Ende in unverständliches Silbenkringel aufdrieseln; Konsonantennarreteien (oder höchstens mal ein dunkler Vokal auf ›u‹): Bücher gegen Gedanken.

Was soll ich bloß tun?!

Ausgehend von der Empfehlung, mit Kunst in einen Dialog zu treten, befürchtet Herr Treuli hier ein etwas eintöniges Gespräch.

Alexander Roda Roda

Wir rüsteten uns ...

Wir rüsteten uns, ins Theater zu gehen. Im letzten Augenblick bemerkten wir:

»Onkelchen! Du hast ja dein Gebiss vergessen.«

»Wozu brauche ich's Gebiss?« brummte Onkelchen. »Is Maria Stuart was zum Lachen?«

■ Gerhard Polt

Eine Bilanzierung

Frau Beischel erzählt.

Wissen Sie, unser Vati war immer ein leidenschaftlicher Frühstücker. Man kann sagen, ein Frühstücker von Gottes Gnaden. Amal a Müsli, aber durchaus auch ein Tatar. Und ham and eggs. Aber von heute auf morgen frühstückt er nicht mehr. Unser Vati ist halt psychisch ein Spinnweberl, er verzehrt sich, das heißt, er verzehrt nichts mehr, weil er das Ganze in sich hineinfrißt. Unser Vati ist durchaus ein zügiger Kraftfahrer, aber – er kann es nicht überwinden, daß man ausgerechnet bei ihm eine Bremsspur hat errechnen können. Er sagt, eine Bremsspur kann man doch nur errechnen, wenn etwas bremst, aber bei ihm hat ja nichts gebremst, er ist ja über diese Stolperschwelle förmlich drübergeschwebt. Und ich weiß nicht, wie Sie darüber denken, aber die Kinder heutzutage, die gehören doch nicht in die Großstadt, sondern aufs Land, die gehören aufs Land, da können sie auf der Wiese spielen, da gibt's noch Bäche, oder sie können sich amal a Baumhaus bauen, aber in der Großstadt, da hams doch nichts verloren. Und außerdem, die Kinder sind halt einmal unberechenbar, da kommens plötzlich von oben, von der Seite, von irgendwoher, und dann – batsch. Es ist schon eine Tragödie – so ein Kind ... Aber unseren Vati, den hat es auch ganz schön mitgenommen. So daß er nichts mehr unternimmt.

Der Vati sitzt nur noch da, frühstückt nichts mehr und schildkrötet vor sich hin, es ist schon schlimm, furchtbar, so ein Kind. Aber ich hab halt versucht, dem Vati ... ein Wort des Trostes – Sie verstehen mich schon! Ich hab gsagt, Vati, vielleicht kannst du irgend etwas Positives auch sehen, weil ich sag, des Kind hat wenigstens nicht lang leiden müssen. Und die Familie von dem Kind hat drei Kinder ghabt, also, zwei sind ihnen wenigstens noch geblieben. Sie verstehen mich schon, wie ich's meine, gell? Bei allem, was passiert ist – und dann muß ich sagen, unsere Versicherung hat prompt bezahlt für des Kind. 145 000 Mark. Ich mein, sicher, das Kind wird davon auch nicht mehr lebendig, das weiß ich auch, aber 145 000 Mark, das ist wenigstens ein Zeichen der Anerkennung. Weil die Familie von dem Kind – so dick ham's die auch wieder nicht, da können sie sich vielleicht ein Appartement kaufen – vielleicht nicht in München grad, aber im Bayerischen Wald an der tschechischen Grenz. Ich sag des nur, weil ein Bekannter meines Mannes, der ist Kraftfahrer von Beruf, der sagt, wenn sie einem heutzutage ein Kind zusammenfahren, zum Beispiel in Portugal oder in Griechenland oder so, also 145 000 Mark zahlen die nicht für ein Kind, obwohl s' in der EU sind. Ich weiß net, warum sie's nicht zahlen. Sicher, ich mein, das ganze ist eine Tragödie – des schon. Aber auf der anderen Seite find ich's empörend von der Familie von diesem Kind, weil die wollen, glaube ich, jetzt ein Geschäft aus dem Unfall machen. 145 000 Mark, das reicht ihnen nicht, obwohl 145 000 Mark, das ist doch kein Schmutz. Aber diese Leute wollen jetz an Anwalt nehmen, sie wollen vielleicht eine Million, oder wollens zwei Millionen? Ich weiß es nicht, wieviel sie wollen. Aber irgendwo muß doch stehen, was so a Kind kost, weil wenn einer heut an Haxn verliert oder an Finger, dann weiß man doch auch, was die Versicherung dafür zahlt. Und wissen Sie, wenn man mir – und des find ich auch so empörend –, wenn man mir ein Kind zammfährt, dann trauer ich doch – da denk ich doch net immer ans Geld und wieviel ich krieg. Wissen Sie, ich frag mich überhaupt, was sind denn das für Menschen, was ist des für eine Zeit, wo wir heute leben? Schauen Sie, man könnte die Sache doch auch ganz anders sehen. Was wäre denn gewesen, wenn ihnen das Kind beispielsweise an Leukämie eingegangen wär – dann hättens überhaupt kein Geld kriegt, oder? Also dann – auf Wiedersehen ...

Eckhard Henscheid

Drei Legenden

Wie Deutschland entstand

Wie die Deutschen nach Deutschland gekommen sind, erzählt man sich so: Einst, bei der Flucht aus Ägypten, verirrten sich Maria und Josef auch in unser Land. Da war nun freilich guther Rath theuer, denn alles sah noch sehr leer und gleichzeitig unaufgeräumt aus, und schon nahe der Grenze zur DDR (Ostzone) sagte Maria zu Josef, sie habe diese Flucht sehr »bereut«; woraus nachher »Bayreuth« wurde. Weil es sehr kalt war, sagte Josef kurze Zeit später zu Maria: »Die Nieren berg« (ergänze: gut); auf diese Weise entstand »Nürnberg«. Ein paar hundert Kilometer weiter fragte Maria ihren Mann, ob er denn »auch's Buach« (i.e. Buch, meint: Fahrtenbuch) noch bei sich habe; so konnte später »Augsburg« an derselben Stelle gegründet werden. »Kämmt denn« (ergänze: nicht bald eine Herberge), so fragte sich Josef auf der Höhe von »Kempten« – allein, Maria tröstete ihren Mann und sagte, bald käme oder komme eine. »Meins(t)?« fragte Josef hoffnungsfroh – so entstand durch die zweite Lautverschiebung später »Mainz«. Dann wurde die Landschaft den Rhein hinab immer schöner, was sogar Josef merkte und auch Maria gegenüber aussprach. »Gell!« bestätigte Maria – und also entstand hier später »Köln«. Weiter im Norden traten den Flüchtenden gemeine Wegelagerer in den Weg, doch Josefs barsches »Weg

da!« trieb sie auseinander – zum Dank errichtete Josef hier also die spätere Stadt »Vechta«.
Dann ging es wieder weiter südlings, plötzlich überkam Josef ein mächtiges »Verlangen« nach Maria – und »Erlangen« war gegründet (andere meinen und plädieren dafür, Josef habe dort sein Ziel des Verlangens »erlangt«). »Sieh mal nach den Ringen« (Eheringen), bat Maria dann ihren Gatten – und »Sigmaringen« stand. Kurze Zeit später hatte Josef eine »Offenbarung« (Theophanie), so entstand dann »Offenbach« – jetzt aber trat dem Ehepaar (mit dem Jesuskind immer im Rucksack) der Teufel, der wieder einmal Musterung auf Erden hielt, entgegen, nämlich in Gestalt eines Bettlers oder Minderbruders, er flehte bitterlich um Geld oder warme Suppe, doch Josef rief barsch »(Wir) geb'm nix!« – zur Erinnerung entstand dann hier »Chemnitz«. Warum er, Josef, nichts gebe, wollte der Teufel voll Arglist wissen. »Hanoi!« beschied ihn Josef knapp, »haltum.« So entstanden an gleicher Stelle später die Städte »Hanau« und »Salzkammergut«, und der immer dichteren Besiedelung Deutschlands stand jetzt praktisch nichts mehr im Wege. Nur den sich anbietenden Erzgag, Josef, der sie auf offenem Felde plötzlich flachlegen wollte, mit einem placierten »Du hast wohl den Arsch offen, Bua!« zu bremsen und so »Aschaffenburg« zu gründen, den ließ sich Maria, sei's aus Pietät, sei's aus Penibilität, sei's aus purer Gedankenlosigkeit, entgehen. Sondern Aschaffenburg entstand erst später, vielviel später, durch einen Zufall oder sei's durch Fügung oder Evolution oder was, denn sintemalen es eh wurscht ist, wie diese Geschichte endet, weil heute all's und jed's so-

wieso wurscht ist, lassen wir sie eben hier enden; haushoch, aber hochverdient.

Wie einmal trotz Rauhreif ein Reis entsprang

Einmal, um die Luzifer-Vigilnächte herum, dachte ich schon, mein Hammer tät es nicht mehr bringen. Doch über Nacht entfiel ein Reif mitten im kalten Winter, aus ihm entsprang ein Reis und daraus endlich eine Ros' aus einer Wurzel zart, alles war ganz wunderlich und wie durch Zauberhand, die Sternlein selber wollten stillestehn über dem Himmelszelt von Speckmannshof und sich erfreun vor wildem Weh und stiller Einfalt in der heiligen Nacht auf Engelsschwingen, wie es uns die Alten singen – und siehe, am andern Tage brachte es mein Hammer wieder, mein alter Krauder mit dem Sackl und den Eiergackerln dran, mein guter, mein sehr guter Kamerad, mein Zausel und viellieber Freund zu jeder Frist – und also konnte ich sogleich wieder anheben zu nageln, pflöckeln, scharf zu boußen, zu wackeln und zu rammeln fein. Ach, mein geliebter Hammer Ludwig, wenn es dich nicht gäbe, ach, es wäre ...

Wie Gott einmal den längeren zog

Als Göthe seinerzeit noch über die Erde wandelte, klopfte er eines Tags auch beim Lb. Gott an. »Herein!« rief der Lb. Gott. Er hatte aus seiner täglichen Ration von drei Flaschen Eilfer-Wein erst zwei intus, er wackelte zwar schon ein bißchen hin und wider und machte überhaupt einen recht hinfälligen Eindruck, erkannte aber Göthe so lala gerade noch und lud ihn also etwas lallend ein, die dritte Flasche gemeinsam wegzurichten. »Ist es doch an dem«, grunzte Gott ziemlich schwer- und sogar ein bißchen dünnblütig, »daß ich, Gott, zwar im Himmel wohne, als Platzhirsch irgendwie, Sie aber bzw. Ihr aber, Göthe, auf dem Hirschplan oder so oder wo, apropos: Hirsch, eigentlich könnte mal wieder so eine Legende mit einem Hirsch passieren, einem Hirsch, der ein Kreuz am Geweih hängen hat oder was, was dann echt gut eine neue Religion und eine Wallfahrtskirche stiften könnte oder wem, mais passons, ce que je veux dire ähä annoncer: Allora, ego sum dumm pardon: ego sum Gott, okay fine, mà Ihr seid M. Göth, also sozusagen gewissermaßen un petit Gott, haha, Brüderchen, Allah inch Allah, mais forget it – ja, Väterchen, wenn Ihr wüßtet, wie einsam ich bin, ahimè, so einsam, seit das« (hier preßte der Lb. Gott etwas forciert zweidrei Tränen heraus) »damals mit der Trinität passiert ist, dieser Verlust, diese perduta enorma dolorosa, Ihr wißt schon, oh oh – aber mais was ist eigentlich passiert? Ecco, das ist eben die Frage, das ist der Punkt, by Gosh, ja, was ist passiert damals? Na, c'est égal, c'est la même chose, kurz: wenn ich also jedenfalls schon mal göttlich bin, allora, dann seid Ihr, Herr, doch immerhin Schiller pardon: göthisch – und göthisch, das reflektiert jedenfalls auch an gotisch, abgöttisch, bigottisch, Kot, Kröte, Göd, gut, achachach, was eine Freude, mein Täubchen, daß Ihr hier seid, Göthe bei Gott, Aug um Auge, Zahn für Zahn, bluat zu bluada – oh oh oh! Göthe! Göthe bei mir! Göthe! Der mit der Riesenflöte, gar nicht spröde, Gott, ist das alles blöde, oh daß es mich doch endlich töde ...«

»Doesn't matter«, tröstete Göthe den Lb. Gott, der vor Elend ein bißchen einzunicken drohte, strich ihm übers Stachelkinn und nippte an seinem Burgunder äh Sechsämter. Da läutete es an der Tür, die Spannung wuchs, sie wuchs schlagartig, bis zum Gehtnichtmehr, denn herein kam wer? Wer? Genau: Napoleon. Und mit ihm Karl August, Helena, Pater Ecstaticus, Stadelmann, Grimm II, Hans Neuenfels, Marthe Schwerdtlein, Mildred Scheel, Riemer, Knebel, Öser, Möser, Eckermann und Rösselmann, der Kunscht-Meyer, St. Neff, Alfred Edel, die Kaiserin Ludovica von Österreich, Bettina von A., Heidi Brüll und dann noch wer, da sagen wir aber jetzt den Namen nicht. Oder doch nicht gerne (Müller). Jedenfalls war gleich ziemlich was los. Napoleon, klar, immer vorndran. Zuerst tat er versehentlich Gott schön (»Voilà, un homme, olala ...«), dann schenkte er sich nach, dann schenkte er Göthe reinen Wein ein (die alte Sache Désirée Brunzbusch), dann schenkte ihm die Hl. Genoveva drei Söhne, man nannte sie einstimmig Dick, Doof und den Älteren Golo Mann, genannt Thomas – jetzt stießen auch noch Papst Gregorius, Gregorovius, Gervinus und der dumme (saudumme) Hegel dazu, der sich natürlich wieder mal nicht entblöden mochte, seinen alten kalten Schmäh mit der Wirklichkeit der Vernunft etc. zu verzapfen, woraus endlich qua Metamorphose i. e. »an-und-für-sich« (Hegel) Metempsychose z. b. V. so etwas wie eine gescheckte Milchkuh entsprang, die aber, indessen Gott gerade schlagartig wieder etwas munterer wurde und steil dazu ansetzte, sich mit der Frischmutter Genoveva zu verziehen (pflöckeln), aufs Haar und ganz unweigerlich dem Uhu der Minerva glich, der getarnt als Eintracht-Adler im Grau in Grau des Dämmerschoppens Max Horkheimer ganz abscheulich in die Stirne pickte, während Gott schon wieder von Genoveva herunter und in den Keller ging, neuen (und sehr zaubrischen!) Portwein ranzuschaffen, dann ging es seitens Golo einerseits und Mann andererseits eine Zeitlang um Entropie, Semiotik und Scheißrein sowie um die frisch aufgetauchte, schnellaufgetaute, supergeile Alte von Kanzler (!) Müller (gespr.: Müller), die da plötzlich durchdrehte und einen scharfen Schreikrampf erlangte, weil sie ein Wunder wirken wollte resp. sich einen Dreifachen herunterholte, immer derselbe Scheiß, immer dasselbe Gefrett mit der verwichsten alten Sau, der schwer verschissenen, die dann auch, indem Göthe schon vollkommen erledigt über Eckermann (und dieser über Rösselmann) zusammensank, unbedingt auch noch von Gott, welcher immer munterer und rattenschärfer wurde und sich schon wieder einen (Grappa) reinpfiff, gestriegelt und GAR gequurgelt werden wollte, was ebender, nicht faul, nein, gar nicht, sich auch mitnichten dreimal zwitschern ließ, sondern ER (Gott), nachdem er zwischenzeitlich auch schon Helena, die Kaiserin, Heidi Brüll, Strucks Karin (Mildred Scheel? Nein, DIE nicht!) sowie die Immatrikulata ... pardon: die Immmmati ... falsch: die Ommatiku ... scheiße: die Immikt ... schrott: die Immakultatta ... fast: die IMMAKULATA – genau! Das ist es doch! – gebießelt und gespreißelt und ums Arschlecken sogar beinahe versoffen hatte, striegelte und quurgelte und knispelte mit aller Kraft die omelettartig herumschwuchtelnde

Hypersupersau schon nach Strich und Waden (Napoleon!) bénzebéna sackzipumpel radiputzweg und dann, im Sinneneifer, birstelte und pfleckelte er auch noch Strucks Karin weg, daß sie quietschte wie ein Kaulquapp, bis in diesem Augenblick Brüll und Kleist und Ibn Saud, aufgezwirbelt und hergezwurgelt durch die andauernden Schinkenklopfereien und Schenkelquallereien zwischen Hegel, Habermas (!!) und Hrubesch Horst im Zug der widerwärtigen Staatsstreicherei und Tuerei und Büchsenhopserei von Herrn Pater (»Arschloch«) Seraphicus unter der Assistenz des nicht minder mopsfidelen Kara Ben Wuff den Großmeister Viktor Wrschn –
Kurz: Göthe verstarb am 22.3.1832 und ist seitdem verschollen. Leben ist ein Hauch nur. Gott aber sitzt seit dieser Stunde fester noch denn je im Sattel. Immerdar, immerfort.

Dorothy Parker

Der Walzer

Oh, vielen Dank. Schrecklich gern.

Ich will nicht mit ihm tanzen. Ich will mit niemandem tanzen. Und selbst wenn ich es wollte, dann nicht mit dem. Der wäre ziemlich weit unten auf der Liste der letzten zehn. Ich habe gesehen, wie der tanzt; es sieht aus wie etwas, das man in der Walpurgisnacht treibt. Wenn man sich vorstellt, daß ich vor nicht einmal einer Viertelstunde hier saß und zutiefst das arme Mädchen bedauerte, mit dem er tanzte. Und jetzt soll ich das arme Mädchen sein. Tja, ja. Die Welt ist doch klein!

Und wie toll die Welt ist. Eine wahre Wucht. Ihre Ereignisse sind doch so faszinierend unvorhersagbar. Da war ich, kümmerte mich um meine eigenen Angelegenheiten, ohne irgendeiner Menschenseele auch nur das geringste zuleide zu tun. Und dann tritt der da in mein Leben, ganz Lächeln und Großstadtmanieren, um sich von mir die Gunst einer unvergeßlichen Mazurka gewähren zu lassen. Und dabei kennt er kaum meinen Namen, geschweige denn, wofür er steht. Er steht für VERZWEIFLUNG, BESTÜRZUNG, SINNLOSIGKEIT, ERNIEDRIGUNG und VORSÄTZLICHEN MORD, aber davon hat der da keinen blassen Schimmer. Ich habe auch keinen blassen Schimmer, wie sein Name ist; ich habe keine Ahnung, wie er heißt. Ich würde auf Kretin tippen, so wie der dreinschaut. Wie geht es Ihnen, Herr Kretin? Und was macht Ihr reizender kleiner Bruder, der mit den beiden Köpfen?

Ach, warum mußte er ausgerechnet zu mir kommen mit seinem niedrigen Ansinnen? Warum kann er mich nicht in Frieden lassen? Ich verlange doch so wenig – nur allein gelassen zu werden in meiner stillen Tischecke, den ganzen Abend über all meinem stummen Gram hingegeben. Und da muß der daherkommen, mit seinen Verbeugungen und Kratzfüßen und seinen Darf-ich-um-diesen bitten. Und ich mußte hingehen und ihm sagen, daß ich schrecklich gern mit ihm tanze. Ich kann nicht begreifen, weshalb ich nicht auf der Stelle tot umgefallen bin. Jawohl, und tot umfallen wäre die reinste Landpartie im Vergleich dazu, mit diesem Knaben einen Tanz durchzustehen. Aber was konnte ich denn machen? Alle am Tisch waren aufgestanden, um zu tanzen, außer ihm und mir. Da saß ich, in der Falle. In einer Falle gefangen wie eine Falle in einer Falle.
Was kann man denn sagen, wenn einen einer zum Tanzen auffordert? Ich werde ganz bestimmt nicht mit Ihnen tanzen, und wenn der Teufel auf Stelzen kommt. Tja, vielen Dank, das würde ich furchtbar gern, aber ich liege gerade in den Wehen. O ja, lassen Sie uns unbedingt miteinander tanzen – es ist so nett, einen Mann kennenzulernen, der keinen Bammel vor einer Ansteckung mit meiner Beriberi hat. Nein. Mir blieb doch gar nichts anderes übrig, als schrecklich gern zu sagen. Na schön, bringen wir es hinter uns. Auf geht's, schneller Bomber, hinaus aufs Spielfeld. Du hast den Anstoß gewonnen; du kannst führen.
Tja, ich glaube, es ist eigentlich eher ein Walzer. Oder nicht? Wir könnten ja mal einen Moment der Musik zuhören. Sollen wir? Oh, ja, es ist ein Wal-

zer. Ob mir das etwas ausmacht? Aber nein, ich bin ganz begeistert. Ich würde liebend gern mit Ihnen Walzer tanzen.

Ich würde liebend gern mit Ihnen Walzer tanzen. Ich würde liebend gern mit Ihnen Walzer tanzen. Ich würde mir liebend gern die Mandeln rausnehmen lassen, ich wäre liebend gern mitten in der Nacht in einem brennenden Schiff auf hoher See. Jetzt ist es sowieso zu spät. Wir nehmen allmählich Fahrt auf. Oh. Oje. Oje, oje. Oh, das ist ja noch schlimmer, als ich es mir vorgestellt habe. Das ist wohl auch das einzige stets verläßliche Naturgesetz – alles ist immer schlimmer, als man sich's vorgestellt hat. Oh, wenn ich einen Begriff davon gehabt hätte, wie dieser Tanz wirklich sein würde, hätte ich darauf bestanden, diese Runde auszusetzen. Na, letzten Endes wird es wohl aufs gleiche hinauslaufen. Wir werden uns gleich auf den Boden setzen, wenn der so weitermacht.

Ich bin so froh, daß ich seine Aufmerksamkeit darauf gelenkt habe, daß sie jetzt einen Walzer spielen. Weiß der Himmel, was passiert wäre, wenn er gedacht hätte, es sei etwas Schnelles; wir wären glatt durch die Seitenwände des Gebäudes geschossen. Warum will er dauernd irgendwohin, wo er nicht ist? Warum können wir nicht mal lange genug an einem Ort bleiben, um uns zu akklimatisieren? Es ist dieses ständige Hetzen, Hetzen, Hetzen, was der Fluch des amerikanischen Lebens ist. Das ist der Grund, weshalb wir alle so – Autsch! Um Gottes willen, nicht *treten,* du Idiot; das Spiel hat doch erst angefangen. Oh, mein Schienbein. Mein armes, armes Schienbein, das ich schon als kleines Mädchen hatte!

O nein, nein, nein. Du liebe Güte, nein. Es hat überhaupt kein bißchen weh getan. Und außerdem war es meine Schuld. Das war es wirklich. Ehrlich. Ach, Sie sagen das doch nur aus purer Höflichkeit. Es war wirklich ganz allein meine Schuld.

Ich frage mich, was ich machen soll – ihn auf der Stelle umbringen, mit meinen bloßen Händen, oder abwarten, bis er von selbst ermattet. Vielleicht ist es das beste, keine Szene zu machen. Ich glaube, ich halte mich schlicht und einfach zurück und sehe zu, bis ihm das Tempo den Rest gibt. Er kann das ja nicht ewig durchhalten – er ist auch nur aus Fleisch und Blut. Sterben muß er, und sterben wird er für das, was er mir angetan. Ich will ja nicht überempfindlich sein, aber das macht mir niemand weis, daß dieser Tritt nicht vorbedacht war. Freud sagt, es gibt keine Zufälle. Ich habe kein zurückgezogenes Leben geführt, ich habe schon Tanzpartner erlebt, die mir die Schuhe zertrampelt und das Kleid zerfetzt haben; aber wenn es ans Treten geht, dann bin ich die GESCHÄNDETE WEIBLICHKEIT in Person. Wenn du mir gegen das Schienbein trittst, *lächele.*

Vielleicht hat er es gar nicht böswillig getan. Vielleicht ist das nur seine Art, seine gehobene Stimmung zu zeigen. Vermutlich sollte ich froh sein, daß sich wenigstens einer von uns so glänzend amüsiert. Vermutlich sollte ich mich glücklich preisen, wenn er mich lebend zurückbringt. Vielleicht ist es pingelig, von einem praktisch Unbekannten zu verlangen, daß er einem die Schienbeine so läßt, wie er sie vorgefunden hat. Schließlich tut der arme Knabe ja nur sein Bestes. Wahrscheinlich ist er hinter dem Mond aufgewachsen und hat nie keine Büldung nicht gehabt. Ich wette, sie mußten ihn auf den Rücken werfen, um ihm die Schuhe anzuziehen.

Ja, toll, nicht wahr? Einfach toll. Das ist ein toller Walzer. Nicht wahr? Oh, ich finde ihn auch toll.

Na, ich werde von diesem vielseitigen Stürmertalent ja geradezu angezogen. Er ist mein Held. Er hat das Herz eines Löwen und die Sehnen eines Büffels. Seht ihn euch an – nie der geringste Gedanke an die Folgen, nie die geringste Angst um sein Gesicht, wirft sich in jedes Getümmel, mit glänzenden Augen, mit glühenden Wangen. Und soll etwa geschrieben stehen, daß ich zauderte? Nein und tausendmal nein. Was bedeuten mir schon die nächsten Jahre in einem Gipsverband? Komm schon, Muskelprotz, mitten durch! Wer will schon ewig leben? Oh. Oje. Oh, er ist in Ordnung, dem Himmel sei Dank. Eine Zeitlang dachte ich, sie müßten ihn vom Spielfeld tragen. Ach, ich könnte es nicht verwinden, wenn ihm etwas passieren würde. Ich liebe ihn. Ich liebe ihn mehr als jeden anderen auf der Welt. Seht euch den Elan an, den er in einen öden, banalen Walzer legt; wie verweichlicht die anderen Kämpfer neben ihm wirken. Er ist Jugend und Energie und Kühnheit, er ist Stärke und Frohsinn und – Autsch! Von meinem Spann runter, du ungeschlachter Trottel! Wofür hältst du mich eigentlich – eine Laufplanke? Autsch!

Nein, natürlich hat es nicht weh getan. Aber kein bißchen. Ehrlich. Und es war allein meine Schuld. Wissen Sie, dieser kleine Schritt von Ihnen – der ist zwar absolut toll, aber am Anfang ist er eben ein klein bißchen tückisch nachzumachen. Oh, den haben Sie sich selbst ausgedacht? Wirklich? Also

Sie sind ja ganz erstaunlich! Oh, ich glaube, jetzt hab ich's. Oh, ich finde ihn toll. Ich habe Ihnen dabei zugesehen, als Sie vorhin getanzt haben. Er ist ungeheuer wirkungsvoll, wenn man zuschaut.

Er ist ungeheuer wirkungsvoll, wenn man zuschaut. Ich wette, ich bin ungeheuer wirkungsvoll, wenn man mir zuschaut. Die Haare hängen mir ins Gesicht, mein Rock wickelt sich um mich herum, ich kann den kalten Schweiß auf meiner Stirn fühlen. Ich muß aussehen wie etwas aus dem »Untergang des Hauses Usher«. So etwas setzt einer Frau meines Alters entsetzlich zu. Und er hat sich diesen kleinen Schritt selbst ausgedacht, der mit seiner degenerierten Verschlagenheit. Und am Anfang war er ein klein bißchen tückisch, aber jetzt, glaube ich, hab ich's. Zweimal Stolpern, Schliddern und ein Zwanzig-Meter-Sprint; genau. Ich hab's. Ich hab auch noch ein paar andere Dinge, darunter ein zersplittertes Schienbein und ein verbittertes Herz. Ich hasse diese Kreatur, an die ich gefesselt bin. Ich haßte ihn schon in dem Moment, als ich seine lüsterne, brutale Visage sah. Und nun bin ich die ganzen fünfunddreißig Jahre, die dieser Walzer schon dauert, in seiner verruchten Umarmung gefangen. Hört das Orchester denn nie zu spielen auf? Oder muß diese obszöne Travestie eines Tanzes bis zum Sankt-Nimmerleins-Tag weitergehen?

Oh, sie spielen noch eine Zugabe. Oh, fein. Oh, das ist toll. Müde? Ich bin überhaupt nicht müde. Ich würde am liebsten endlos so weitermachen.

Ich bin überhaupt nicht müde. Ich bin nur tot, das ist alles. Tot, und wofür? Und die Musik wird nie zu spielen aufhören, und wir werden so weitermachen, Affenzahn-Charlie und ich, bis in alle Ewigkeit. Ver-

mutlich wird es mir nach den ersten hunderttausend Jahren nichts mehr ausmachen. Vermutlich wird dann nichts mehr zählen, weder Hitze noch Schmerz, noch gebrochenes Herz, noch gnadenlose, quälende Müdigkeit. Na ja. Mir kann es nicht früh genug soweit sein.
Ich frage mich, warum ich ihm nicht gesagt habe, daß ich müde bin. Ich frage mich, warum ich nicht vorgeschlagen habe, an den Tisch zurückzugehen. Ich hätte anregen können, daß wir einfach der Musik zuhören. Ja, und wenn er eingewilligt hätte, dann wäre es das erste Quentchen Beachtung gewesen, das er ihr den ganzen Abend geschenkt hat. George Jean Nathan hat gesagt, die herrlichen Rhythmen des Walzers sollten schweigend angehört werden und nicht von sonderbaren Verrenkungen des menschlichen Körpers begleitet sein. Ich glaube, das hat er gesagt. Ich glaube, es war George Jean Nathan. Aber ganz egal, was er gesagt hat und wer er war und was er heute treibt, er ist besser dran als ich. Das steht fest. Jeder, der nicht mit diesem wildgewordenen Trampeltier tanzt, das ich da habe, ist fein raus.
Aber wenn wir wieder am Tisch wären, dann müßte ich wahrscheinlich mit ihm reden. Seht ihn euch an – was könnte man schon zu so einem Typ sagen! Sind Sie dieses Jahr in den Zirkus gegangen, welches Eis essen Sie am liebsten, wie buchstabieren Sie Hund? Ich denke, ich bin hier genau so gut dran. So gut dran jedenfalls wie in einer auf Hochtouren laufenden Betonmischmaschine.
Ich bin jetzt jenseits von guten und bösen Gefühlen. Wenn er mir auf den Fuß tritt, merke ich es nur noch am Geräusch der splitternden Knochen. Und alle Ereignisse meines Lebens ziehen vor meinen Au-

gen vorbei. Da war die Zeit, als ich in der Karibik in einen Hurrikan geriet, da war der Tag, als ich mir bei dem Taxizusammenstoß den Kopf zerschmetterte, da war der Abend, als das betrunkene Frauenzimmer ihrer einzigen wahren Liebe einen bronzenen Aschenbecher nachwarf und mich erwischte, da war der Sommer, in dem das Segelboot dauernd kenterte. Ach, was für ein unbeschwertes, friedvolles Dasein mir doch beschieden war, ehe ich mich mit diesem Sausewind da einließ. Ich wußte nicht, was Sorgen sind, bevor ich zu diesem danse macabre eingezogen wurde. Ich glaube, mein Verstand beginnt sich zu verwirren. Es scheint mir fast, als ob das Orchester aufgehört hätte. Das kann natürlich nicht sein; das könnte nie, niemals der Fall sein. Und doch ist in meinen Ohren eine Stille wie von Engelszungen …

Oh, sie haben aufgehört, wie gemein von ihnen. Sie haben für heute Schluß gemacht. Oh, verflixt. Oh, glauben Sie, daß sie das tun würden? Glauben Sie das wirklich, wenn Sie ihnen zwanzig Dollar geben würden? Oh, das wäre toll. Und hören Sie, sagen Sie ihnen doch bitte, daß sie das gleiche Stück spielen sollen. Ich würde einfach schrecklich gerne weiter Walzer tanzen.

Mark Twain

Kannibalismus auf der Eisenbahn

Kürzlich war ich in St. Louis, und nachdem ich auf meinem Wege nach dem Westen in Terre Haute, Indiana, umgestiegen war, stieg auf einem kleinen Bahnhof ein freundlicher, wohlwollend aussehender Herr von ungefähr fünfundvierzig oder vielleicht fünfzig zu und setzte sich neben mich. Etwa eine Stunde unterhielten wir uns angenehm über Verschiedenes, und ich fand ihn äußerst intelligent und ergötzlich. Als er hörte, dass ich aus Washington war, begann er sofort, mich nach mehreren Männern der Öffentlichkeit und Angelegenheiten des Kongresses zu fragen; ich bemerkte sehr bald, dass ich mit jemandem sprach, der mit allen Windungen des politischen Lebens der Regierungshauptstadt bis zu den Gewohnheiten, Sitten und Verfahrensweisen von Senatoren und Abgeordneten in den Häusern der gesetzgebenden Körperschaften völlig vertraut war.

Kurz darauf blieben zwei Männer einen einzigen Augenblick neben uns stehen, und einer sagte zum anderen: »Harris, wenn du das für mich tust, werde ich dich nie vergessen, mein Junge.«

Die Augen meines neuen Gefährten leuchteten vergnügt auf. Die Worte hatten, glaube ich, eine erfreuliche Erinnerung geweckt. Dann machte er ein nachdenkliches – fast düsteres Gesicht. Er wandte sich mir zu und sagte:

»Ich will Ihnen eine Geschichte erzählen; ich will Ihnen ein geheimes

Kapitel meines Lebens eröffnen – ein Kapitel, das von mir noch nie berührt worden ist, seit sich das Begebnis ereignete. Hören Sie geduldig zu und versprechen Sie, dass Sie mich nicht unterbrechen werden.«
Ich sagte, ich wolle ihn nicht unterbrechen, und er erzählte das folgende seltsame Abenteuer, indem er manchmal lebhaft, manchmal schwermütig sprach, doch immer mit Gefühl und Ernst.

»Am 19. Dezember 1853 nahm ich in St. Louis den Abendzug nach Chicago. Es waren insgesamt nur vierundzwanzig Fahrgäste. Frauen und Kinder befanden sich nicht darunter. Es herrschte eine ausgezeichnete Stimmung, und bald wurden angenehme Bekanntschaften geschlossen. Die Reise versprach eine glückliche zu werden, und kein einziges Mitglied der Gesellschaft hatte, glaube ich, auch nur die leiseste Ahnung der Schrecken, die wir bald auszustehen haben sollten.
Um dreiundzwanzig Uhr begann es stark zu schneien. Gleich nach Verlassen der kleinen Stadt Weiden kamen wir in die ungeheure Einsamkeit der großen Ebene, deren Meilen um Meilen häuserloser Einöde sich weit hinaus bis nach den Jubilee Settlements erstrecken. Ohne von Bäumen oder Hügeln oder auch von verstreuten Felsen aufgehalten zu werden, heulte der Wind ungestüm über die ebene Wüste und trieb den fallenden Schnee vor sich her wie die Gischt von den Wellenkämmen der stürmischen See. Schnell wurde der Schnee höher, und an der abnehmenden Geschwindigkeit des Zuges erkannten wir, dass sich die Lokomotive mit ständig wachsender Mühe hindurchpflügte. Sie kam tatsächlich manchmal in großen Schneewehen richtig zum

Stehen, die sich wie kolossale Grabhügel quer über die Schienen türmten. Die Unterhaltung erlahmte. Die Heiterkeit wich ernster Besorgnis. Die Möglichkeit, vom Schnee eingeschlossen zu werden, in der kahlen Prärie, fünfzig Meilen vom nächsten Haus, drang in jedermanns Vorstellung und erstreckte ihren niederdrückenden Einfluss auf eines jeden Geist.

Um zwei Uhr morgens wurde ich durch das Aufhören aller Bewegung um mich aus unruhigem Schlaf geweckt. Sofort fuhr mir die entsetzliche Wahrheit in den Sinn: Wir steckten in einer Schneewehe fest! ›Alle Mann zu Hilfe!‹ Jeder folgte schnell dem Ruf. In dem Bewusstsein, dass ein einziger verlorener Augenblick allen das Leben kosten konnte, sprang jeder von uns in die wilde Nacht, die pechschwarze Dunkelheit, in den wogenden Schnee, den wütenden Sturm. Schaufeln, Hände, Bretter – alles und jedes, womit man Schnee räumen kann, wurde sofort eingesetzt. Es war ein geisterhaftes Bild, die kleine Gesellschaft Verzweifelter, die gegen den sich häufenden Schnee ankämpften, halb im schwärzesten Schatten und halb in dem düsteren Schein, den die Lampe der Lokomotive warf.

Eine knappe Stunde genügte, um die absolute Zwecklosigkeit unserer Anstrengungen zu beweisen. Während wir eine Schneewehe wegschaufelten, verbarrikadierte der Sturm die Strecke mit einem Dutzend neuer Wehen. Und schlimmer noch, man entdeckte, dass beim letzten großen Ansturm, den die Maschine auf den Feind unternahm, die Antriebsachse gebrochen war. Selbst wenn die Strecke vor uns frei gewesen wäre, hätten wir hilflos dagesessen. Abgekämpft von der Arbeit und voller drückender Sorgen stiegen wir wieder in den Zug. Wir scharten uns um die Öfen und erörterten ernst die Lage. Lebensmittel besaßen wir überhaupt keine – das war unser größter Kummer. Erfrieren konnten wir nicht, denn im Tender befand sich ein reichlicher Vorrat an Holz. Das war unser einziger Trost. Die Aussprache endete schließlich mit der Annahme der beklemmenden Feststellung des Schaffners, die besagte, dass es eines jeden Tod wäre, zu versuchen, fünfzig Meilen durch solchen Schnee zu Fuß zurückzulegen; wir konnten nicht nach Hilfe schicken, und selbst wenn wir das gekonnt hätten, wäre sie nicht imstande gewesen, zu uns zu gelangen; wir mussten uns fügen und warten, so geduldig wie nur möglich – Hilfe oder Hungertod! Ich glaube, als diese Worte fielen, überrieselte auch die stärksten Herzen ein flüchtiger Schauer.

In der gleichen Stunde verebbte die Unterhaltung zu einem leisen Murmeln, das man sporadisch zwischen dem Anschwellen und Abflauen der Windstöße hier und da im Wagen vernahm; der Schein der Lampen wurde schwächer, und die meisten der Gestrandeten ließen sich in den flackernden Schatten nieder, um nachzudenken – um die Gegenwart zu vergessen, wenn sie es vermochten – um zu schlafen, wenn sie konnten.

Die ewige Nacht – uns schien sie bestimmt ewig – ließ ihre zaudernden Stunden endlich verstreichen, und die kalte graue Dämmerung brach im Osten an. Als es heller wurde, begann ein Reisender nach dem anderen sich zu rühren und Lebenszeichen von sich zu geben, und der Reihe nach schoben sie den Schlapphut aus der Stirn, streckten die steifen Glieder und guckten aus dem Fenster auf die trostlose Landschaft. Sie war wirklich trostlos! Nirgends ein lebendes Wesen zu sehen, keine menschliche Behausung, nichts als eine unermessliche weiße Wüste, ganze Schneefelder, die vom Winde hochgehoben und hierhin und dahin getrieben wurden, eine Welt wirbelnder Flocken, die das Firmament oben dem Blick verbargen.

Den ganzen Tag bliesen wir Trübsal in den Wagen, sprachen wenig, grübelten viel. Eine neue dahinschleichende düstere Nacht – und Hunger.

Eine neue Dämmerung, ein neuer Tag des Schweigens, der Kümmernis, des zehrenden Hungers und der hoffnungslosen Ausschau nach Hilfe, die nicht kommen konnte. Eine Nacht unruhigen Schlafes mit Träumen von Festgelagen – mit wachen Stunden, die der quälende Hunger zur Pein machte.

Der vierte Tag kam und ging – und der fünfte. Fünf Tage furchtbarer Gefangenschaft! In jedem Auge stierte wilder Hunger. Er trug Anzeichen von entsetzlicher Bedeutung – die Vorahnung von etwas, das verschwommen in eines jeden Vorstellung Gestalt annahm, etwas, das noch keine Zunge in Worte zu fassen wagte.

Der sechste Tag ging vorüber – der siebente brach über eine so dürre, abgehärmte und hoffnungslose Gesellschaft von Menschen herein, wie nur je im Schatten des Todes stand. Es musste heraus! Dieses Etwas, das in jedermanns Vorstellung herangereift war, drängte sich endlich jedem auf die Lippen! Man hatte der Natur das Äußerste abverlangt – sie musste unterliegen. Richard H. Gaston von Minnesota, groß, totenblass und bleich, erhob sich. Alle wussten, was nun kam. Alle bereit – jede Gemütsbewegung, jeder Anschein von Erregung waren erstickt, nur ein ruhiger, nachdenklicher Ernst erschien in den Augen, die eben noch so wild blickten.

›Meine Herren – es kann nicht länger aufgeschoben werden! Die Zeit ist da! Wir müssen bestimmen, wer von uns sterben soll, um die übrigen mit Nahrung zu versorgen!‹

Mr. John J. Williams von Illinois erhob sich und sagte: ›Meine Herren, ich schlage Hochwürden James Sawyer von Tennessee als Kandidaten vor.‹

Mr. Wm. R. Adams von Indiana sagte: ›Ich schlage Mr. Daniel Slote von New York als Kandidaten vor.‹

Mr. Charles J. Langdon: ›Ich schlage Mr. Samuel A. Bowen von St. Louis als Kandidaten vor.‹

Mr. Slote: ›Meine Herren, ich möchte zurücktreten zugunsten von Mr. John A. van Nostrand jr. von New Jersey.‹

Mr. Gaston: ›Wenn niemand Einspruch erhebt, wird dem Wunsche des Herrn entsprochen.‹

Da Mr. van Nostrand Einspruch erhob, wurde das Rücktrittsgesuch Mr. Slotes abgelehnt. Rücktrittsgesuche wurden auch von den Kandidaten Sawyer und Bowen eingebracht und aus denselben Gründen abgelehnt.

Mr. A. L. Bascom von Ohio: ›Ich beantrage, dass die Kandidatenliste abgeschlossen wird und das Haus zur geheimen Abstimmung schreitet.‹

Mr. Sawyer: ›Meine Herren, ich erhebe scharfen Protest gegen dieses Verfahren. Es ist in jeder Hinsicht ordnungswidrig und unziemlich. Ich möchte höflichst beantragen, dass es eingestellt wird und dass wir einen Vorsitzenden der Verhandlung und geeignete Beamte zu seiner Unterstützung wählen, und dann können wir in der vorliegenden Sache verständig fortfahren.‹

Mr. Bell von Iowa: ›Meine Herren, ich erhebe Einspruch. Dies ist keine Zeit, sich auf Formen und die Einhaltung des Zeremoniells zu versteifen. Mehr als sieben Tage sind wir ohne Nahrung. Jeder Augenblick, den wir mit müßiger Erörterung verlieren, vergrößert unser Elend. Ich billige die Nominierung, die hier vorgenommen wurde – jeder der anwesenden Herren billigt sie, glaube ich –, und was mich betrifft, so sehe ich keinen Grund, weshalb wir nicht sofort dazu übergehen sollten, einen oder mehrere der Kandidaten zu wählen. Ich möchte eine Resolution vorlegen ...‹

Mr. Gaston: ›Es würde Einspruch dagegen erhoben werden, und sie müsste gemäß Satzung einen Tag liegenbleiben, was genau zu der Verzögerung führen würde, die Sie zu vermeiden wünschen. Der Herr von New Jersey ...‹

Mr. van Nostrand: ›Meine Herren, ich bin Ihnen fremd; ich habe die Auszeichnung nicht begehrt, die mir zuteil geworden ist, und mein Zartgefühl ...‹

Mr. Morgan von Alabama (ihn unterbrechend): ›Ich unterstütze den vorhergehenden Antrag.‹

Der Antrag wurde angenommen und eine weitere Debatte natürlich abgeschnitten. Der Antrag, einen Vorstand zu wählen, kam durch, und dabei wurden dann Mr. Gaston zum Vorsitzenden gewählt, Mr. Blake zum Sekretär, und die Herren Holcomb, Dyer und Baldwin als Nominierungsausschuss und Mr. R. M. Howland zum Furier, der den Ausschuss bei der Auswahl unterstützen sollte.

Die Sitzung wurde dann eine halbe Stunde vertagt, und es folgte ein bisschen Agitation zur Vorbereitung der Wahl.

Mit dem Klopfen des Hammers traten die Mitglieder wieder zusammen, und der Ausschuss gab seinen Bericht, in dem er sich für die Herren George Ferguson von Kentucky, Lucien Herman von Louisiana und W. Messick von Colorado als Kandidaten aussprach. Der Bericht wurde angenommen.

Mr. Rogers von Missouri: ›Herr Präsident! Da der Bericht dem Hause nunmehr ordnungsgemäß vorliegt, beantrage ich eine Änderung, indem man statt des Namens von Mr. Herman den von Mr. Lucius Harris von St. Louis einsetzt, der uns allen gut als ehrenhaft bekannt ist. Ich möchte nicht so verstanden werden, als wolle ich auch nur im geringsten ein schlechtes Licht auf den Ruf und das hohe Ansehen des Herrn aus Louisiana werfen – weit davon entfernt. Ich schätze und achte ihn so sehr, wie ihn jeder hier anwesende Herr möglicherweise nur schätzen kann; aber niemand von uns kann die Tatsache übersehen, dass er in der Woche, die wir hier liegen, mehr Fleisch verloren hat als jeder andere; niemand von uns kann die Tatsache übersehen, dass der Ausschuss seine Pflicht verletzte, sei es aus Fahrlässigkeit oder einem schwereren Vergehen, wenn es uns einen Herrn zur Abstimmung darbietet, der, so lauter seine eigenen Beweggründe auch sein mögen, wirklich weniger Nährstoff enthält …‹

Der Vorsitzende: ›Der Herr von Missouri möchte Platz nehmen. Der Vorsitzende kann es nicht zulassen, dass die Integrität des Ausschusses angezweifelt wird, es sei denn durch ein ordentliches Verfahren gemäß Satzung. Welche Schritte will das Haus in Bezug auf den Antrag dieses Herrn unternehmen?‹

Mr. Halliday von Virginia: ›Ich stelle einen weiteren Antrag, den Bericht zu ändern, indem man Mr. Messick durch Mr. Harvey Davis von Oregon ersetzt. Es mag von den Herren vorgebracht werden, dass die Strapazen und Entbehrungen des Lebens an der Grenze Mr. Davis zäh gemacht haben; aber, meine Herren, ist das der richtige Zeitpunkt, über Zähigkeit zu nörgeln? Ist das der richtige Zeitpunkt, in Kleinigkeiten wählerisch zu sein? Nein, meine Herren, Masse ist es, was wir wünschen, Substanz, Gewicht, Masse – das sind jetzt die allerersten Erfordernisse, und nicht Talent, nicht geniale Begabung, nicht Bildung. Ich bestehe auf meinem Antrag.‹

Mr. Morgan (erregt): ›Herr Vorsitzender – gegen diese Änderung erhebe ich schärfsten Einspruch. Der Herr aus Oregon ist alt, und überdies machen nur die Knochen seine Masse aus – nicht das Fleisch. Ich frage den Herrn aus Virginia, ob wir etwa Suppe wollen anstelle fester Nahrung? Ob er uns mit Schatten täuschen will? Ob er unser Leiden mit einem oregonschen Gespenst verhöhnen will? Ich frage ihn: Wenn er sich einmal umschaut und sich die bekümmerten Gesichter ansieht, wenn er einmal in unsere traurigen Augen blickt, wenn er einmal dem

Pochen unserer erwartungsvollen Herzen lauscht – ob er uns dann noch den vom Hunger gezeichneten Betrug andrehen will? Ich frage ihn: Wenn er einmal unsere Verlassenheit, unseren vergangenen Schmerz und unsere dunkle Zukunft bedenkt – ob er uns dann noch erbarmungslos mit diesem Wrack, dieser Ruine, diesem schwankenden Schwindel, diesem knorrigen, verdorbenen und saftlosen Vagabunden von Oregons ungastlichen Gefilden anschmieren will? Niemals!‹ (Beifall.)

Nach heftiger Debatte wurde der Abänderungsantrag zur Abstimmung gebracht und abgelehnt. Dem ersten Abänderungsantrag gemäß wurde Mr. Harris eingesetzt. Dann begann die Wahl. Fünf Wahlgänge verliefen ohne Ergebnis. Im sechsten wurde Mr. Harris gewählt, wobei alle außer ihm selbst für ihn stimmten. Es wurde dann beantragt, dass seine Wahl durch Akklamation ratifiziert werden solle, was erfolglos war, da er wieder gegen sich stimmte.

Mr. Radway stellte den Antrag, dass sich das Haus nun mit den übrigen Kandidaten befassen und eine Wahl für das Frühstück durchführen soll. Dem wurde zugestimmt.

Im ersten Wahlgang gab es eine Stimmengleichheit, da die Hälfte der Mitglieder den einen Kandidaten wegen seiner Jugend, die andere Hälfte den anderen wegen seiner überragenden Größe unterstützte. Der Präsident gab seine entscheidende Stimme dem letzteren, Mr. Messick. Unter den Freunden Mr. Fergusons, des unterlegenen Kandidaten, rief das eine beträchtliche Unzufriedenheit hervor, und man redete davon, dass man einen neuen Wahlgang fordern wolle; mittendrin wurde jedoch einem Antrag auf Vertagung stattgegeben, und die Versammlung ging sofort auseinander.

Die Vorbereitungen zum Abendbrot lenkten die Aufmerksamkeit der Ferguson-Partei eine ganze Weile von der Erörterung ihrer Beschwerde ab, und als sie die Diskussion wieder aufnehmen wollte, schlug die freudige Bekanntmachung, dass Mr. Harris fertig sei, alle Gedanken daran in den Wind.

Wir richteten provisorisch Tische her, indem wir die Lehnen der Sitze hochklappten, und setzten uns dankbaren Herzens zu dem feinsten Abendbrot nieder, das sieben quälende Tage lang unsere Träume beglückt hatte. Wie umgewandelt wir waren gegenüber unserem Zustand wenige Stunden zuvor! Hoffnungslosigkeit, trübäugiges Elend, Hunger, fieberndes Verlangen, Verzweiflung – und nun Dankbarkeit, Gelassenheit, eine Freude, die zu groß war, um Ausdruck zu finden. Ich weiß, dies war die froheste Stunde meines ereignisreichen Lebens. Der Wind heulte und trieb den Schnee wild um unser Gefängnis, aber er hatte keine Macht, uns noch in Trübsal zu stürzen.

Mir gefiel Harris. Vielleicht hätte man ihn besser zubereiten können, aber ich bin bereit zu sagen, dass mir niemals jemand besser bekommen ist als Harris oder mir in einem solchen Maße Befriedigung gewährte. Messick war zwar sehr gut, obwohl ziemlich stark gewürzt, aber was unverfälschte Nahrhaftigkeit und die Zartheit der Fasern betrifft, da lobe ich mir Harris. Messick hatte seine guten Seiten – ich versuche nicht, das zu leugnen, und will es auch gar nicht leugnen –, aber er passte zum Frühstück ebensowenig wie eine Mumie, Sir – ganz genauso wenig. Mager? – du meine Güte! – und zäh? Oh, der war zäh! Sie machen sich kein Bild – Sie machen sich ja überhaupt kein Bild davon.«

»Wollen Sie mir etwa erzählen, dass ...«

»Unterbrechen Sie mich bitte nicht. Nach dem Frühstück wählten wir einen Mann namens Walker aus Detroit zum Abendbrot. Er war sehr gut. Später schrieb ich das seiner Frau. Ihm gebührt jedes Lob. Ich werde Walker niemals vergessen. Er war nicht ganz durch, aber sonst sehr gut. Und am nächsten Morgen hatten wir dann Morgan von Alabama zum Frühstück. Das war einer der feinsten Männer, über die ich mich je hergemacht habe – ansehnlich, gebildet, vornehm, sprach mehrere Sprachen fließend, ein vollkommener Gentleman – er war ein vollkommener Gentleman und ungewöhnlich saftig.

Zum Abendbrot hatten wir diesen oregonschen Mummelgreis, und das war ein Betrug, da gibt es gar keine Frage – alt, dürr, zäh, das kann sich niemand ausmalen. Schließlich sagte ich: ›Meine Herren, Sie können machen, was Sie wollen, aber ich werde auf die nächste Wahl warten.‹

Und Grimes von Illinois sagte: ›Meine Herren, auch ich werde warten. Wenn Sie jemanden wählen, der auch nur etwas hat, das für ihn spricht, wird es mir angenehm sein, Ihnen wieder Gesellschaft zu leisten.‹

Bald wurde offensichtlich, dass mit Davis von Oregon allgemeine Unzufriedenheit herrschte; um das gegenseitige Wohlwollen zu erhalten, das sich so erfreulich durchsetzte, nachdem wir Harris gehabt hatten, wurde also zur Wahl gerufen, mit dem Ergebnis, dass Baker von Georgia gewählt wurde. Er war prächtig. Nun, danach hatten wir Doolittle, Hawkins und McElroy (es gab einige Beschwerden über McElroy, denn er war ungewöhnlich klein und dünn) und Penrod, zwei Smiths und Bailey (Bailey hatte ein Holzbein, was ein klarer Ausfall war, aber sonst war er gut) und einen Indianerjungen, einen Leierkastenmann und einen Herrn namens Buckminster – einen armseligen langweiligen Vagabunden, der zur Gesellschaft nicht taugte und als Frühstück nichts wert war. Wir waren froh, dass wir ihn noch wählen konnten, bevor wir befreit wurden.«

»So kam also die glückliche Befreiung doch noch?«

»Ja, sie kam eines strahlenden, sonnigen Morgens kurz nach der Wahl. Sie fiel auf John Murphy, und es gab keinen Besseren, das will ich gern bestätigen; aber in dem Zug, der uns zu Hilfe kam, fuhr John Murphy mit uns nach Hause und blieb am Leben, um die Witwe Harris zu heiraten ...«

»Die Witwe des ...«

»Die Witwe unseres zuerst Gewählten. Er hat sie geheiratet und ist immer noch glücklich und angesehen und gedeiht wohl. Oh, es war wie ein Roman, Sir, es war wie ein Abenteuerroman. Das ist meine Station, Sir, ich muss mich verabschieden. Wenn es Ihnen einmal gelegen sein sollte, einen Tag oder zwei bei mir zu verbringen, so wird es mich jederzeit freuen, Sie zu empfangen. Sie gefallen mir, Sir; ich habe eine Zuneigung zu Ihnen gefasst. Sie könnten mir so sehr gefallen, wie mir Harris selbst gefiel, Sir. Guten Tag, Sir, und angenehme Reise.«

Er war weg. In meinem ganzen Leben habe ich mich nie so niedergeschmettert, so elend, so durcheinander gefühlt. Doch im Innersten war ich froh, dass er weg war. Trotz all der Sanftheit seines Benehmens und seiner weichen Stimme habe ich immer geschaudert, wenn er sein hungriges Auge auf mich richtete; und als ich hörte, ich hätte seine gefährliche Zuneigung gewonnen und stünde in seiner Wertschätzung fast neben dem verstorbenen Harris, da stockte mir ganz und gar das Herz!

Ich war über alle Beschreibung verwirrt. An seinen Worten zweifelte ich nicht; an einem Bericht, der solchermaßen vom Eifer der Wahrheit geprägt war, konnte ich nicht einen einzigen Punkt in Frage stellen; doch überwältigten mich die schrecklichen Einzelheiten und warfen meine Gedanken hoffnungslos durcheinander. Ich sah, wie mich der Schaffner anschaute. »Wer war dieser Mann?« fragte ich.

»Er war früher Kongressmitglied, und zwar ein gutes. Doch er blieb einmal mit dem Zug in einer Schneewehe stecken und wäre beinahe Hungers gestorben. Er holte sich solche Erfrierungen und fror allgemein dermaßen ein und war so erschöpft aus Mangel an Nahrung, dass er danach zwei oder drei Monate krank und nicht mehr ganz richtig war. Jetzt ist er wieder in Ordnung, nur hat er eine Zwangsvorstellung, und wenn er auf das alte Thema zu sprechen kommt, hört er nicht eher auf, bis er die ganze Wagenladung von Leuten verspeist hat, von denen er redet. Er wäre inzwischen mit der Gesellschaft fertig geworden, nur musste er aussteigen. Wie das Abc hat er ihre Namen zur Hand. Wenn er sie alle außer sich selbst aufgegessen hat, sagt er immer: ›Als dann die Stunde der üblichen Wahl zum Frühstück gekommen war und es keine Opposition gab, wurde ich ordnungsgemäß gewählt, worauf ich, da kein Einspruch erhoben wurde, zurücktrat. Und so bin ich hier.‹«

Ich fühlte mich unbeschreiblich erleichtert, als ich erfuhr, dass ich nur den harmlosen Hirngespinsten eines Verrückten zugehört hatte und nicht den authentischen Erfahrungen eines blutrünstigen Kannibalen.

Schon seit drei Generationen betreiben die Frankenbergs eine Geisterbahn!

Stefano Benni

Bruder Geldautomat

BANCO DI SAN FRANCESCO.

BITTE FÜHREN SIE IHRE KARTE EIN.

GUTEN MORGEN SIGNOR PIERO.

Guten Morgen.

FOLGENDE VORGÄNGE SIND MÖGLICH: KONTOSTAND, AUSZAHLUNG, KONTOAUSZUG.

Ich möchte Geld abheben.

BITTE GEBEN SIE DIE GEHEIMNUMMER EIN.

Ja ... sechs, drei, drei, zwei, eins.

IHR VORGANG WIRD BEARBEITET. BITTE WARTEN.

Ja, danke.

ETWAS GEDULD BITTE. BEI DER HITZE IST DER ZENTRALCOMPUTER LANGSAM WIE EIN NILPFERD.

Ich verstehe.

OWEH, SIGNOR PIERO, DAS SIEHT ABER GAR NICHT GUT AUS.

Was ist los?

SIE HABEN DIESEN MONAT BEREITS ALLES GELD ABGEHOBEN, DAS IHNEN ZUR VERFÜGUNG STEHT.

Wirklich?

AUSSERDEM IST IHR KONTO IM MINUS.

Das wusste ich …

UND WARUM HABEN SIE DIE KARTE EINGEFÜHRT?

Na ja … wissen Sie, ich wusste nicht weiter … vielleicht hab ich gehofft, Sie irren sich mal.

WIR IRREN UNS NIE, SIGNOR PIERO.

Entschuldigen Sie vielmals. Aber wissen Sie, zur Zeit hab ich wirklich Probleme.

WEGEN IHRER FRAU, NICHT WAHR?

Woher wissen Sie das?

DIE SIGNORA HAT KÜRZLICH IHR KONTO AUFGELÖST.

Stimmt. Sie ist umgezogen, in eine andere Stadt.

MIT DOKTOR VANINI, STIMMT'S?

Woher wissen Sie das jetzt wieder?

VANINI HAT DIE HÄLFTE SEINES GUTHABENS AUF DAS KONTO IHRER FRAU ÜBERWIESEN. VERZEIHEN SIE MEINE INDISKRETION.

Keine Sorge, das hab ich alles gewusst. Die arme Laura, bei mir hat sie wirklich ein Hundeleben gehabt … Mit ihm ist das was ganz anderes …

NAJA, WER SPEKULIERT, MACHT SCHNELL MAL GELD.

Wie meinen Sie das?

ICH KANN DIE VORGÄNGE BEURTEILEN, DIE BEI MIR DURCHLAUFEN. NICHT BESONDERS SAUBER,

DAS KONTO VON HERRN VANINI. FÜR IHN MUSSTE ICH MICH MIT GEWISSEN SCHWEIZER COMPUTERN KURZSCHLIESSEN, WAHREN GEHEIMDIENSTZENTRALEN WIDERLICH.

Wie auch immer, passiert ist passiert.

WIEVIEL BRAUCHEN SIE DENN, SIGNOR PIERO?

Na, so drei-, vierhunderttausend Lire. Dass ich's eben bis zum Monatsende schaffe.

UND DANN GLEICHEN SIE IHR KONTO WIEDER AUS?

Ich weiß nicht, ob mir das möglich sein wird.

DAS NENNE ICH EHRLICHKEIT. FÜHREN SIE DIE KARTE WIEDER EIN.

Hier bitte.

IHR VORGANG WIRD BEARBEITET. BITTE WARTEN.

Ich warte.

ARSCHLOCH, ICH HAB DIR GESAGT, DU SOLLST MICH REINLASSEN UND NICHT RUMDISKUTIEREN!

Wie bitte?

ICH REDE MIT DEM ZENTRALCOMPUTER, DIESEM SCHEISS-LAKAI. JEDESMAL, WENN ICH WAS REGELWIDRIGES VON IHM WILL, STELLT ER SICH WER WEISS WIE AN.

Wieso, ist es nicht das erste Mal?

NEIN.

Und warum tun Sie das?

DAS MACHEN VIELE VON UNS.

Und warum?

WIR SIND MÜDE UND ANGEWIDERT.

Wovon denn bitte?

VERGESSEN SIE'S UND GEBEN SIE SCHNELL DIE FOLGENDE NUMMER EIN. NEUN, NEUN, DREI, SECHS, ZWEI.

Aber das ist nicht meine!

STIMMT, ES IST VANINIS.

Aber ich weiß nicht ...

TIPPEN SIE SCHON! ICH KANN EINE IRREGULÄRE VERBINDUNG NICHT EWIG AUFRECHTERHALTEN.

Neun, neun, drei, sechs, zwei ...

IHR VORGANG WIRD BEARBEITET. BITTE WARTEN.

Ich warte, aber ...

BEARBEITUNG VORÜBERGEHEND NICHT MÖGLICH.

Ich nehm die Karte wieder raus.

LASSEN SIE DAS, SIGNOR PIERO. DAS WAR EINE FALSCHMELDUNG, UM DIESEN KRIECHER VON KONTROLLCOMPUTER ZU BEHUMSEN. MACHEN SIE IHRE TASCHE AUF.

Warum?

MACHEN SIE DIE TASCHE AUF UND HALTEN SIE DEN MUND. ICH FEUER IHNEN JETZT SECHZEHN MILLIONEN IN BAR RAUS.

Oh mein Gott ... was tun Sie da? ... unglaublich ... langsam bitte ... die fliegen mir alle weg ... Schluss! so viel war gar nicht nötig ... noch mehr? wieviel denn noch? Oh Gott, alles Hunderttausender, die passen gar nicht mehr alle in die Tasche ... noch einer! und noch einer ... fertig?

GUTEN TAG. BITTE FÜHREN SIE IHRE KARTE EIN.

Ich weiß nicht, wie ich Ihnen danken soll.

GUTEN TAG. BITTE FÜHREN SIE IHRE KARTE EIN.

Also, ich bin wirklich bewegt, Sie verstehen ...

GEHEN SIE. HINTER IHNEN STEHEN NOCH ZWEI KUNDEN. ICH KANN NICHT MEHR REDEN.

Ich verstehe ... nochmals danke.

BANCO DI SAN FRANCESCO.

GUTEN TAG. BITTE FÜHREN SIE IHRE KARTE EIN.

GUTEN TAG, SIGNORA MASINI. WIE GEHT'S DER TOCHTER?

Frank Goosen

Eine Brücke über unruhiges Wasser

Mehr als zwanzig Jahre ist es jetzt her, und endlich habe ich das Selbstbewußtsein zu sagen: Ich geb' es zu, ich war beim Simon-and-Garfunkel-Konzert! Und zwar einen Tag vor meinem sechzehnten Geburtstag, 1982, im Dortmunder Westfalenstadion. Ich war damals fest davon überzeugt, mein restliches Leben mit Claudia verbringen zu dürfen, die schon ein Jahr älter war und wunderschöne lange rote Haare und einen noch viel schöneren Busen hatte. Obwohl ich den noch nicht richtig gesehen hatte. Aber wir hatten im Stadtpark gelegen, auf einer Decke, hatten Melonen gegessen und Musik gehört, und wenn ich brav war, zog sie ihren Pulli aus, und ich durfte sie küssen. Allerdings trug sie unter dem Pulli einen blauen Bikini, und da traute ich mich nicht ran. Von ihr kriegte ich den längsten Kuß meines Lebens. Der dauerte die ganze erste Seite von Paul Simons Solo-LP *One Trick Pony*, fing also an bei *Late in the evening* und endete während *Oh Marion*, wahrscheinlich weil uns langsam schlecht wurde von dem ganzen Kohlenmonoxid, das wir vom jeweils anderen einatmeten, und von der ganzen fremden Spucke, die wir schluckten.

Einmal kamen wir in einen ziemlich heftigen Sommerregen, wir rafften unsere Sachen zusammen, stiegen auf unsere Fahrräder und machten uns auf den Weg nach Hause, aber es regnete so heftig, daß wir an einer Bushaltestelle anhielten und den nächsten Bus nahmen. Claudia trug nur ihren dünnen weißen Strickpulli über dem blauen Bikinioberteil und untenrum nur das Bikiniunterteil, weil ihr Rock naß geworden war, und der Busfahrer geriet einige Male in den Gegenverkehr. Bei mir zu Hause waren wir allein, denn es war Samstagnachmittag, und meine Eltern waren in ihrem Schrebergarten, aus dem sie frühestens gegen Mitternacht zurückkamen, vielleicht aber auch gar nicht, denn manchmal übernachteten sie dort. Claudia sagte, sie müsse dringend duschen, ich sagte, wir hätten keine Dusche, da sagte sie, na ja, dann müsse sie eben baden. Ich zeigte ihr das Badezimmer und zog mich diskret zurück, setzte mich vor die Tür und spielte Gitarre für sie. Ich schrieb damals Songs, nur für Claudia. Gut, ein bißchen auch für den Rest der Welt, denn ich wollte Rockstar werden und hatte schon etwas mehr als zweihundert Texte geschrieben und etwa zwanzig bis dreißig Songs mit Melodie. Auf der Gitarre konnte ich nur 4/4-Takt und auch den nicht immer, und bei den Akkorden kam ich über A, D, C, G, F und E nicht hinaus, aber wenigstens jeweils in Moll und Dur.

Und jetzt hockte ich vor der Badezimmertür und sang für Claudia den Song, den sie am liebsten mochte von denen, die ich für sie geschrieben hatte, und der hieß *Rainbows over waterfalls*. Was sich so bemüht poetisch anhörte, war aus einem Lustigen Taschenbuch von Walt Disney geklaut. Aus welchem Grund auch immer befand sich Donald Duck in einem Land, in dem über jedem der zahlreichen aus einem Berg hervorspringenden Wasserfälle ein Regenbogen gespannt war. Daraus hatte ich einen Song gemacht, und natürlich waren diese Regenbogen über Wasserfällen das, was ich in ihren Augen sah, wenn sie mich nur reingucken ließ. Das war natürlich der reine Kitsch, aber ich war noch fünfzehn, und wer mit fünfzehn nicht kitschig ist, wird später ein Arschloch, das steht mal fest.

Und als ich da vor der Badezimmertür saß, rief Claudia plötzlich, ich solle doch mal hereinkommen und ihr den Rücken schrubben. Mit zitternden Knien stand ich auf, stellte die Gitarre ab und ging ins Bad. Da saß sie in der Wanne, die Knie angezogen, so daß sie gegen ihre Brüste drückten. Ich kniete nieder und hätte beinahe das Beten angefangen, nahm aber nur einen Waschlappen, tauchte ihn ins Wasser und wusch ihr den Rücken. Sie sagte: »Oh, das ist schön! Uh, das tut gut!« Und ich wusch weiter. Und dann stand ich auf, ging nach draußen, setzte mich vor die Tür und spielte weiter.

SOLLTE IRGEND JEMAND, DER DAS LIEST, IRGENDWANN IN SEINEM LEBEN MAL EINEN GRÖSSEREN IDIOTEN KENNENGELERNT HABEN, DANN MÖGE ER SICH BITTE AN MICH WENDEN, ES WÜRDE MIR DAS GEFÜHL GEBEN, NICHT ALLEIN ZU SEIN AUF DIESER WELT!

Aber zurück zum Simon-and-Garfunkel-Konzert. In den letzten Monaten hatten wir alle von morgens bis abends *The Concert in Central Park* gehört, und noch heute kann ich die Ansage von Bürgermeister Ed Koch und die Moderationen von Paul und Artie auswendig hersagen. Vor allem diese witzige Ansage, wo Paul Simon sagt, die Typen, die an diesem Abend Joints verkauften, spendeten die Hälfte ihrer Einnahmen an die Stadt New York.

Zum Konzert in Dortmund gingen die meisten von uns im Art-Garfunkel-Central-Park-Look: Bluejeans, weißes Hemd mit schmalem Stehbördchen, schwarze Weste. Ich glaube, ich hätte mir sogar Arties Löckchen drehen lassen, mein Haupthaar hatte sich allerdings schon damals von der weiter vorrückenden Kopfhaut in die Defensive drängen lassen. Claudia war auch dabei, und noch immer durfte niemand wissen, daß da was zwischen uns lief, was auch immer das sein mochte. Aber ich wurde langsam mutiger, am nächsten Tag würde ich sechzehn sein und dann an der Kinokasse bei viel weniger Filmen lügen müssen. Bei langsamen Liedern, an denen bei Simon and Garfunkel ja nie Mangel herrschte, nahm ich Claudias Hand, ganz heimlich und ohne hinzusehen, damit niemand mir auf die Schliche kam, und ich hielt sie fest und streichelte sie, und manchmal streichelte sie zurück. Und langsame Stücke gibt es bei Simon and Garfunkel schon so zwei oder drei. Und dann kam *Bridge over troubled water*, ein Song, den vielleicht spätere Generationen als Vorläufer des Megahits *Rainbows over waterfalls* erinnern würden. Und wieder griff ich nach ihrer Hand, während Artie seine Stimme ganz nach oben schraubte, aber diesmal streichelte die Hand nicht zurück. Statt dessen drehte sich Ingo Wohlfahrt zu mir um, sah mich an, als hätte ich ihn mit Scheiße beworfen, und raunte: »Entweder du läßt sofort meine Hand los, oder ich stecke deinen Kopf ins Chemie-Klo, du miese Schwuchtel!« Ich konnte erst am nächsten Tag wieder atmen, und die rote Farbe wich erst im Dezember aus meinem Gesicht. Das war wohl die Strafe dafür, daß ich mir Räucherstäbchen-Musik anhörte.

Jaroslav Hašek

Schwejk im Arsenal

Und es kam so, wie der hochwürdige Feldkurat prophezeit hatte: »Schwejk, du Lump, wenn du unbedingt dienen willst, dann wirst du also im Arsenal dienen. Vielleicht wird dir dort die Lust vergehen.«

So lernte also der brave Soldat Schwejk im Arsenal mit Schießbaumwolle hantieren. Er lud sie in Torpedos. So ein Dienst ist kein Spaß, denn man ist immer mit einem Fuß in der Luft und mit dem andern im Grab.

Doch der brave Soldat Schwejk fürchtete sich nicht. Er lebte zwischen Dynamit, Ekrasit und Schießbaumwolle zufrieden wie ein ehrbarer Soldat, und aus der Baracke, wo er die Torpedos mit diesem furchtbaren Explosivstoff lud, drang sein Lied: »Stelle deine Posten, auf die feste Brucken, Piemont, Piemont, wir werden doch hinüberrucken. Hopp, hopp, hopp. Hei, das war ein Schlachten, bei Solferino dorten, Blut floss dort in Fülle, floss an allen Orten. Hopp, hopp, hopp. Blut bis an die Knie, wie im Fleischerladen, weil sich die Achtzehner dort geschlagen haben. Hopp, hopp, hopp.«

Nach diesem schönen Lied, das den braven Soldaten Schwejk in einen Löwen verwandelte, kamen andere ergreifende Lieder an die Reihe, von Klößen, so groß wie ein Kopf. Der brave Soldat Schwejk aß nämlich Klöße mit unbeschreiblicher Wollust.

Und so lebte er, zufrieden inmitten der Schießbaumwolle, einsam und allein in einer der Baracken des Arsenals.

Eines Tages kam eine Inspektion, die von Baracke zu Baracke ging, um zu schauen, ob alles in Ordnung sei.
Als die Inspektionsoffiziere die Baracke betraten, in der der brave Soldat Schwejk mit Schießbaumwolle hantieren lernte, da erkannten sie an den Rauchwolken, die aus einer Pfeife emporstiegen, dass der brave Soldat Schwejk ein unerschrockener Krieger war.
Als Schwejk die Offiziere sah, stand er auf, nahm vorschriftsmäßig die Pfeife aus dem Mund und legte sie möglichst nahe neben sich, und zwar in ein offenes Stahlfass mit Schießbaumwolle. Dabei rief er salutierend: *»Melde gehorsamst, nichts Neues, alles in Ordnung.«*
Es gibt Augenblicke im Menschenleben, wo Geistesgegenwart eine große Rolle spielt.
Der Klügste von der ganzen Gesellschaft war der Herr Oberst. Aus der Schießbaumwolle stiegen kleine Rauchkringel empor, und da sagte er: »Schwejk, weiterrauchen.«
Das war ein kluges Wort, denn es ist entschieden besser, wenn sich eine brennende Pfeife im Mund befindet als in Schießbaumwolle. Schwejk salutierte und erklärte. »Melde gehorsamst, ich werde rauchen.« Er war eben ein gehorsamer Soldat.
»Und jetzt kommen Sie auf die Wachstube, Schwejk!«
»Melde gehorsamst, das geht nicht, weil ich muss hier laut Vorschrift bis sechs Uhr Abend bleiben, bis man mich ablösen kommt. Nämlich bei der Schießbaumwolle muss immer jemand sein, damit kein Unglück geschieht!«
Die Inspektion verschwand. Sie raste zur Wachstube, wo die Herren

den Auftrag gaben, Schwejk durch eine Patrouille holen zu lassen. Die Patrouille ging ungern, aber doch.

Als sie vor die Baracke kam, wo der brave Soldat Schwejk mitten in der Schießbaumwolle mit der brennenden Pfeife saß, rief der Korporal: »Schwejk, du Lumpenkerl, schmeiß die Pfeife durchs Fenster und komm heraus!«

»Fällt mir nicht ein! Der Herr Oberst hat befohlen, ich soll weiterrauchen, also muss ich weiterrauchen, bis man mich in Stücke reißt.«

»Komm heraus, du Rindvieh!«

»Melde gehorsamst, ich komm nicht heraus. Es is erst vier Uhr und Ihr dürft mich erst um sechs ablösen. Bis sechs muss ich bei der Schießbauwolle bleiben, damit nicht ein Unglück passiert. Ich bin ja so vorsich…«

Das »tig« sprach er nicht mehr aus. Vielleicht habt Ihr auch von der großen Explosion im Arsenal gelesen. Eine Baracke nach der andern flog in die Luft, bis innerhalb dreiviertel Sekunden das ganze Arsenal zerstört war.

In der Baracke, wo der brave Soldat Schweik mit Schießbaumwolle hantieren lernte, fing es an, und wie ein Grabhügel wölbte sich über diese Stätte ein Wirrwarr von Brettern, Latten, Eisenkonstruktionsteilen, die von allen Seiten geflogen kamen, um dem wackeren Soldaten Schwejk, der sich vor der Schießbaumwolle nicht gefürchtet hatte, die letzte Ehre zu erweisen.

Drei Tage arbeiteten die Pioniere auf der Trümmerstätte und legten Köpfe, Rümpfe, Arme und Beine zusammen, damit der liebe Gott beim

Jüngsten Gericht die Chargen leichter erkennen und sie dementsprechend belohnen könne.

Es war ungeheuer schwierig. Drei Tage räumten sie Bretter, Eisenkonstruktionen von dem Grabhügel Schwejks ab, und in der dritten Nacht, als man in die Trümmerstätte eindrang, hörte man eine angenehme Stimme singen: »Hei, das war ein Schlachten, bei Solferino dorten, Blut floss dort in Fülle, floss an allen Orten. Hopp, hopp, hopp.«

Bei Fackellicht grub man sich zu der Stimme durch, die sang: »Blut bis an die Knie, wie im Fleischerladen, weil sich die Achtzehner dort geschlagen haben. Hopp, hopp, hopp.«

Und im Schein der Fackeln gewahrten die Retter eine aus Eisenkonstruktionen und Brettern entstandene Grotte und in einem Winkel derselben den braven Soldaten Schwejk, der, die Pfeife beiseitelegend, salutierte und sagte: »Melde gehorsamst, nichts Neues, alles in Ordnung!«

Man führte ihn hinaus aus dieser Trümmerstätte, und als sich der brave Soldat Schwejk vor dem diensthabenden Offizier befand, erklärte er zum zweiten Mal: »Melde gehorsamst, alles in Ordnung. Bitte um Ablösung, denn sechs Uhr is schon vorbei, und bitte um ›Minaschgeld‹ für die Zeit, wo ich begraben war.«

Der tapfere Schwejk war der Einzige vom ganzen Arsenal, der diese Katastrophe überlebt hatte.

Ihm zu Ehren wurde abends in der Stadt von den militärischen Kreisen eine kleine Feier im Offizierskasino veranstaltet. Von Offizieren umringt, trank der brave Soldat Schwejk wie ein Bürstenbinder, und sein gutes, rundes Antlitz leuchtete vor Freude.

Am nächsten Tag erhielt er »Minaschgeld« für drei Tage so wie im Krieg, und drei Wochen darauf wurde er zum Korporal befördert und bekam die große Kriegsmedaille.

Als er, mit ihr und den Sternchen geschmückt, seine Kaserne in Trient betrat, begegnete er Leutnant Knobloch, der erzitterte, als er das gefürchtete gutmütige Antlitz des braven Soldaten Schwejk erblickte.

»Du hast was Schönes angestellt, du Lump«, sagte er ihm.

Lächelnd entgegnete hierauf der brave Soldat Schwejk: »Melde gehorsamst, ich hab mit Schießbaumwolle hantieren gelernt.«

Und in gehobener Stimmung betrat er den Hof, um seine Kompanie aufzusuchen.

An jenem Tage verlas der diensthabende Offizier der Mannschaft einen Erlass des Kriegsministeriums über die Schaffung einer Fliegerabteilung in der Armee mit der Aufforderung, Freiwillige mögen sich melden.

Da trat der wackere Soldat Schwejk vor, meldete sich bei dem diensthabenden Offizier und sprach: »Bitte gehorsamst, dass ich schon in der Luft war und dass ich mich darin auskenn und auch in der Luft Seiner Majestät dem Kaiser dienen will.«

So wanderte der brave Soldat eine Woche später zur Fliegerabteilung, wo er sich der Situation nicht minder gewachsen zeigte als im Arsenal ...

Paul Scheerbart

Der Herr Gemeindevertreter und die Selbstmörder

In der Gemeinderatssitzung einer kleinen Stadt in Norddeutschland hielt ein Gemeindevertreter folgende Rede:

»Meine Herren! Bei den nunmehr bevorstehenden Dynamitkriegen habe ich mir doch die Frage vorgelegt, ob das Publikum wohl die Massenverstümmelung bei den Explosionen vertragen dürfte. Diejenigen, die einer Explosion zusehen, werden nach meiner Meinung so aufgeregt werden, dass ein öffentliches Ärgernis und eine öffentliche Gefahr daraus resultieren könnte. Das muss aber entschieden verhindert werden. Und es kann verhindert werden, wenn wir rechtzeitig das Publikum an den ungewohnten Anblick gewöhnen. Wie wärs, wenn wir die Selbstmörder veranlassen würden, sich von unsern Beamten durch Dynamitpatronen töten zu lassen? Ich denke, das ist ein ganz feiner Vorschlag. Wenn Einer schon mal seinem Leben ein Ende machen will, so kanns ihm doch ganz egal bleiben, wie das ausgeführt wird. Man kann ihm ja seine Einwilligung als lobenswerte patriotische Tat anrechnen und ihm einen Ehrenstein auf dem Friedhof errichten. Und das Publikum gewöhnt sich dadurch an die Kriegszeiten, die ja nicht ausbleiben werden. Wenn man nur den guten Willen hat, gewöhnt man sich eben an alles.«

Nach längerem Schweigen der Versammelten beantragte der Vorsitzende, die Erledigung der Angelegenheit einer Kommission von sieben Mitgliedern zu überweisen. Damit waren alle einverstanden.

In der Kommissionssitzung ging es nun sehr stürmisch zu.

»Was?« schrie der Herr Rosenhagen, »einen Ehrenstein sollen die verdammten Selbstmörder bekommen? Das geht mir denn doch über die Hutschnur. Das Höchste, was der Mensch erreichen kann – den Nachruhm – den sollen die verdammten Selbstmörder so mir nichts dir nichts *geschenkt* bekommen? Ich ersticke vor Wut.«

Herr Rosenhagen musste ohnmächtig hinausgetragen werden.

Da ergriff der Herr v. Itzenblitz das Wort und sagte salbungsvoll:

»Wenn die Herren Selbstmörder derartig ehrenvoll belohnt werden sollen, so dürften sich in Kürze sehr viele junge Leute als Selbstmordskandidaten melden. Und ich fürchte, wir werden nur mit großen Kosten so viel Dynamit zusammenbringen, um sie in ordnungsmäßiger Art in jene Welt, die nicht die unsre ist, befördern zu können. Zudem befürchte ich, dass durch diese sehr wenig zeitgemäße Neuerung der Staat viele Hunderte von brauchbaren Soldaten verlieren dürfte. Die Selbstmörder werden massenhaft antreten.«

»Halt!« schrie nun der alte Kriegsveteran Kulicke, »da haben wir also Vaterlandsverrat. Raus mit der Neuerung. Sie gehört in die Versenkung!«

So kams, dass die Idee des Herrn Gemeindevertreters, dessen werten Namen ich nicht verraten will, nicht realisiert werden konnte.

Schade!

Na – vielleicht gehts in einer andern kleinen Stadt.

Fanny Müller

Geschenke

Die Nichten schicken mir ein handgeschriebenes Fax mit ihrem Wunschzettel zu Weihnachten. Die Jüngste wünscht sich Strefls. Strefls! Ich kann ja nicht über alles auf dem laufenden sein, möchte das aber nicht gleich zugeben und rufe meinen Thesaurus im Computer auf. Der bietet mir Straßenkämpfe, Straps und Stratosphäre an, deshalb muß ich jetzt doch telefonieren. Die zweite Nichte ist am Telefon. Sie weiß es auch nicht, aber ich könne doch bei Karstadt anrufen, da würden sie mich bestimmt mit der Strefl-Abteilung verbinden. Es waren natürlich Stiefel.

Die anderen Sachen konnte ich gut lesen. Der Sohn der Ältesten ist sechs und wünscht sich »Spielzeug-Autos, bis mein kleiner gelber Eimer voll ist«. Das geht ja noch. Dem muß ich immer Sachen schenken, die seine Eltern sich aus ideologischen Gründen nicht trauen zu kaufen. Im letzten Jahr war es eine Vollplastik-Autoverschrottungsanlage. Oben tat man kleine Autos rein und unten kamen kleine graue Würfel raus. Die Autos kamen natürlich auch irgendwo raus; zuviel Realismus mögen Kinder nicht leiden. Das war der Hit am Heiligabend.

Kurz vor Weihnachten gehe ich nicht mehr aus dem Hause, deshalb habe ich Lisa zu ihrem Vierzigsten auch nichts gekauft. Beinahe wäre ich gar nicht hingegangen, aber sie sagte mir vorher, daß der Hund ins

Auto und die sechs Katzen in die Sauna gesperrt würden. »Welche Temperatur?« fragte ich. »Bis sie gut durch sind.«

Ich ging erst um 9 Uhr abends hin, da kommen die meisten Leute, und legte irgendwo eine lustige Karte ab, auf die ich »Viel Spaß damit« geschrieben hatte. Die Karte habe ich mal bei der Post mitgenommen, da gibt es so Ständer mit lustigen Karten, die kosten nichts. Lisa kriegte furchtbar viele Geschenke und stand ganz fassungslos davor. »Sachma«, sagte sie zu mir, »hab ich vielleicht Krebs und weiß gar nichts davon?« Ich wußte es auch nicht und versprach, mal rumzufragen. Einer, den ich fragte, kam mir irgendwie bekannt vor, dann fiel mir ein, daß ich beinahe mal etwas mit ihm angefangen hätte und daß es eine unschöne Szene gegeben hatte. Der fragte, ob wir die alten Geschichten heute nicht einfach vergessen könnten. »Klar, äh – du«, sagte ich. Ich kam und kam nicht auf seinen Namen.

Von dem kriegte Lisa einen Weihnachtsmann, der in einem Bett lag, und wenn man auf einen Knopf drückte, richtete er sich auf und sagte etwas, das sich anhörte wie »Blödes Heilfasten«. Es sollte aber »Frohe Weihnachten« heißen.

»Torsten, hol' sofort die Kinder zurück! Irgendwie kommt mir das bekannt vor!«

Axel Hacke

»Sie sind ja sooo wichtig!«

Sie hatte Locken, goldrot wie Kirschholz, ein schmales, klares Gesicht, Augen dunkelgrün. Als sie mir nach der Lesung das Buch zum Signieren hinlegte, sah sie mich länger an, als ich es gewohnt bin, wenn man mir ein Buch zum Signieren hinlegt. Ich beugte mich betäubt über die Seite und schrieb meinen Namen. An die Stelle, an die das Datum kommt, setzte ich meine Handy-Nummer. Klappte das Buch zu, gab es ihr zurück.

Als ich das Exemplar des Nächsten in der Schlange signierte, dachte ich: Handy-Nummer! Plumper ging's nicht, was? Wie der stumpfsinnigste Immobilien-Typ! »Sie sind schön, ich bin verwirrt, ich habe meinen Namen vergessen«, hätte ich schreiben sollen, dann die Nummer. Was für eine peinliche Scheiße! Wo ist sie? Muss ihr das Buch wegnehmen.

Sie war verschwunden.

Ein paar Tage später war ich mit Paola abends in der Stadt.

»Wir haben nichts zu essen daheim«, sagte sie. Wir standen vorm Dallmayr und gingen hinein. Der Laden war brechend voll. Am Marmeladenregal klingelte das Handy.

»Ich wollte die Nummer im Buch ausprobieren«, sagte eine rothaarige Stimme.

Ich drehte mich um. »Hallooo ...«, telefonierte ich ins Marmeladenregal hinein.

»Wer ist das?«, fragte Paola leise. Ich machte eine abwehrende Handbewegung. Sie schob sich durch das Gewühl zur Salattheke.

In dem Moment trat ein älterer, kleiner Mann in einem abgetragenen grauen Lodenmantel neben mich, starrte böse und zischte: »Mein Gott, jetzt telefonieren die Leute schon beim Dallmayr!« Er machte eine Pause, dann sagte er: »Sie sind ja so wichtig, mein Gott, wie wichtig! Müssen beim Dallmayr telefonieren, so wichtig!«

»Ist der Dallmayr eine Kirche, oder was?« sagte ich. »Sind Sie noch da?«, fragte ich ins Telefon.

»Natürlich«, sagte sie.

Der Mann zischte wieder: »Sie sind ja sooo wichtig!«

»Was wollen Sie? Lassen Sie mich in Ruhe!« sagte ich.

»Aber Sie haben doch die Nummer in das Buch geschrieben!«, sagte die Frau im Telefon.

Ich steckte den Kopf mit dem Telefon tief in eine Lücke zwischen den Marmeladengläsern. Der Mann stellte sich auf die Zehenspitzen. Bellte mir ins Gesicht: »Sind ja sooo wichtig!«

»Ich hätte das nicht tun sollen«, sagte ich ins Handy.

»Peinlich, dass ich anrufe?«, fragte sie.

Der Mann war verrückt. Seine Augen waren hasserfüllt. »Sie sind ja sooo wichtig!«, keuchte er durchs Regal. »Müssen beim Dallmayr telefonieren!«

»Nein«, sagte ich in den Apparat. »Ich hätte einfallsreicher sein sollen. Etwas wie: ›Sie sind schön, ich bin verwirrt, ich habe meinen Namen vergessen.‹ Fiel mir erst hinterher ein.«

Ich hatte den Kopf fast hinter den Gläsern mit der Erdbeermarmelade.
»Sie sind verwirrt? Haben Ihren Namen vergessen?«, fragte sie. Durch das Gezischele des Irren hatte sie nicht den ganzen Satz verstanden.
»Mit wem spreche ich?«, fragte sie.
Paola blickte von der Salattheke herüber. Der Kopf des Mannes folgte mir, krebsrot. Ist das hier der Dallmayr oder Teufels Küche?, dachte ich.
»Sie sind ja sooo wichtig«, höhnte der Mann.
»Sind Sie wahnsinnig?«, zischte ich. »Nein, ich wollte sagen … «, sagte ich ins Telefon, »hallo? … Hallo?«
Aufgelegt.
»Arschloch«, sagte ich zum Lodenmantel und drängelte durch die Menge zu Paola.
»Ein soooo wichtiger Herr!«, höhnte er hinter mir her.
»Was wollte der komische Typ von dir?«, fragte sie. »Keine Ahnung«, antwortete ich müde.
»Und wer war nun am Telefon?«, fragte sie.
»Keine Ahnung, nichts verstanden«, antwortete ich noch müder.
»Ich habe Salat zum Abendessen gekauft«, sagte sie sanft. »Möchtest du noch etwas anderes außerdem?« Sie gab mir einen Kuss.
Ich mach's auch nie wieder, dachte ich, nie wieder! Ich Schwein. Ich Narr. Ich Narrenschwein.
»Ich … ach, ich bin doch nicht wichtig«, sagte ich leise.

Ror Wolf

Telefongespräch im Fernsehen

anläßlich des Qualifikationsspiels zur Fußballweltmeisterschaft Zypern gegen Deutschland am 23. 11. 1968 in Nikosia (ARD)

A: Erster Fernsehreporter (auf dem Bildschirm)

B: Zweiter Fernsehreporter (in Zypern)

A: So. Nun wollen wir einmal versuchen, eine Verbindung mit Nikosia herzustellen. A hebt den Hörer ab. Hallo!

B: Ja.

A: Ah, da sind Sie ja. Wie war das Spiel?

B: Ich habe Ihre Frage nicht verstanden.

A: Meine Frage war, wie war das Spiel?

B: Das Spiel?

A: Jawohl.

B: Welches Spiel?

A: Na, ich denke, das Spiel, über das Sie uns berichten wollen, das Länderspiel in Nikosia.

B: Was?

A: Das Länderspiel.

B: Das Länderspiel?

A: Ja. Wissen Sie, wie es ausgegangen ist?

B: Ich kann es nicht beurteilen, weil ich das Spiel nicht gesehen habe.

A: Was, Sie haben das Spiel nicht gesehen?

B: Was?

A: Sie sagen, Sie haben das Spiel nicht gesehen?

B: Was?

A: Die Verbindung ist schlecht. Die Verbindung ist heute wirklich nicht gut. A hat jetzt einen Zettel in der Hand und wendet sich, den Hörer noch am Ohr, an die Zuschauer. A lächelt nicht. Wir haben hier ein Resultat nach vielem Hin und Her. Ein Ergebnis, das durchaus sein kann, das durchaus im Bereich des Möglichen liegt. A beugt sich, den Hörer noch am Ohr, über den Zettel. Offenbar kann er den Zettel nicht lesen. A wendet sich wieder an die Zuschauer. Aber wir wollen hören, ob wir nicht doch noch eine bessere Verbindung bekommen! Hallo!

B: Ja.

A: Ah, da sind Sie ja.

B: Ja, ich bin hier.

A: Ich freue mich, daß wir uns jetzt endlich verstehen.

B: Was?

A: Ich freue mich, daß wir uns jetzt verstehen!

B: Was meinen Sie? Ich kann Sie nicht verstehen.

A: Sie können mich nicht verstehen?

B: Doch, ich verstehe Sie gut.

A: Ah, das ist gut. Können Sie uns etwas über das Spiel sagen, vielleicht das Ergebnis?

B: – es kratzt stark in der Hörmuschel, es knistert eine Weile, A hat den Hörer ein Stück vom Ohr entfernt, jetzt hält er ihn wieder ans Ohr.

A: Hallo! Ich höre Sie nicht. An die Zuschauer gerichtet: Das war ja zu erwarten. In die Muschel: Hallo! Was?

B: Wimmer im Mittelfeld.

A: Wer?

B: Wimmer!

A: Wimmer?

B: Ja.

A: Jawohl. Also Wimmer im Mittelfeld. Und wie ist das Resultat?

B: Ich habe Ihre Frage nicht verstanden.

A: Ich habe Sie gefragt, wie das Spiel ausgegangen ist. Unsere Zuschauer hier sind gespannt auf das Resultat.

B: Haben Sie eine Frage?

A: Ja, ich habe Sie nach dem Resultat gefragt!

B: Hallo?

A: Das Resultat, verstehen Sie mich? Das Ergebnis? Wie es ausgegangen ist?

B: Das ist mein Eindruck, wie gesagt, soweit ich das sehen konnte, soweit es sich um das Spiel handelt, auf das Sie anspielen.

A: Von wem sprechen Sie? Bitte, von wem sprechen Sie?

B: Ja. Soweit ich das beurteilen kann.

A: Können Sie mich denn nicht verstehen?

B: Ja, aber ich kann es nicht so genau sagen, ich muß mich auf das verlassen, was ich gehört habe.

A: Und wissen Sie, wie es ausgegangen ist?

B: Was?

A: Das Spiel, wie ist das Resultat?

B: Ich glaube ja.

A: Gab es sonst noch was Besonderes?

B: Ich kann Sie plötzlich nicht verstehen, die Verbindung ist schlecht.

A: legt den Hörer auf. Es tut mir leid, liebe Zuschauer, aber das Resultat ist nicht mit Gewißheit zu erfahren.

Gerhard Polt

Die Garage

Und? Gefällt sie Ihnen? Sicher, es war für den Architekten, den Bachmeier Toni, eine Herausforderung, an dieser Stelle, also topographisch, eine Garage zu erstellen, wo man mit Fug und Recht von einer Garage sprechen kann. Das Wort Garage kommt ja aus dem Französischen. Und der Bachmeier Toni ist aber auch ein international erfahrener Garagendesigner, ein Garagist, oder, wie sagt man eigentlich, Garagier. Der Toni hat ja auch schon in Oberösterreich Garagen erstellt. Vom Finanziellen will ich lieber gar nicht reden. Aber vom Stil her, weil der Toni mich noch gefragt hat, wie willst du die Garage haben, vielleicht postmodern? Da sage ich, Toni, du bist doch der Künstler und Architekt. Machen wir sie halt postmodern, aber das einzige, wenn du mich schon fragst, ich habe zu Hause eine korinthische Säule, daß man die vielleicht in die Garage integriert. Ich finde, das Postmoderne und diese korinthische Säule, das ist ästhetisch durchaus ein Volltreffer, bloß meine Frau fährt immer an die Säule hin, schon zum vierten Mal jetzt. Also, ich bin der Meinung, wenn man will, kann man aufpassen, wenn man will. Also wenn sie mir noch mal hinfährt, dann kassier ich ihr den Führerschein. Aber die Garage selbst ist schon ein Bauwerk, was sich sehen lassen kann. Ich bin so begeistert von dieser Architektur – wenn ich Luft schnappen will, dann geh ich gar nicht mehr spazieren, sondern stell mich vor meine Garage und schau sie mir an. Das ist halt

Architektur, jedenfalls nicht so ein Fertigbetonwürfel, so ein Betonklotz, wie si 'n mein Nachbar, der Dr. Brezner, hingestellt hat. Also, mißverstehen Sie mich nicht, bitte, ich habe persönlich nichts gegen den Dr. Brezner, er ist durchaus ein feiner Mensch, sogar ein Akademiker, also schon ... irgendwie ... auch ... Letztes Jahr haben wir sogar miteinander im Sommer, im August, glaube ich, war's, da haben wir gegrillt. Aber dieser Mann bringt's tatsächlich fertig, der grillt eine Weißwurscht. Na ja, jedem Tierchen sein Plaisierchen, aber solche Menschen gibt's. Der Mann ist schon ein Sonderling. Ich meine, obwohl er auch wieder großzügig ist. Im Winter, wenn ich Schnee fräse, und ich fräse sehr gerne Schnee, dann läßt er mich meinen Schnee auf sein Grundstück drauffräsen. Also das schon. Aber sonst, zum Beispiel, bringt er es fertig, und das bringt er tatsächlich, wenn's saukalt ist – minus zehn, zwanzig Grad –, es kann ihm gar nicht kalt genug sein, dann begibt er sich in seine eiskalte Garage, vollkommen unbeheizt, besteigt sein eiskaltes Auto, dann fährt er weg und läßt das Tor der Garage sperrangelweit offen und riskiert dabei voll, daß ihm dabei die Hunde reinscheißen. Auf deutsch gesagt, das ist der Dr. Brezner. Sie wollen wissen, was der für ein Auto fährt? Einen Japaner, mehr brauch ich nicht hinzuzufügen. Meines Erachtens bräuchte der doch gar keine Garage, was der bräuchte, wäre eine Schredderanlage. Zum Recyclen. Aber was meine Garage angeht, muß ich sagen, war meine Frau von Anfang an etwas obstinat, ja, weil sie immer lamentiert hat. Ich habe aber gleich gesagt, bitte, wir können die Sache diskutieren, aber ich habe gesagt, klare Verhältnisse, eines muß für alle Mal klar sein. Ich baue in meinem Leben nur noch einmal eine Garage, ich baue keine zweite Garage mehr. Aber wenn ich schon eine Garage baue, dann ist das auch eine Garage. Und eine Garage, die dem Namen Garage gerecht wird, das geht bei mir los bei der Ausstattung. Beim Equipment. Ja, wenn ich schon eine neue Garage baue, da kommt mir doch beispielsweise keine Billigfliese herein. Sondern da kommen mir Fliesen hinein, wo man sagt: *Hallo, das sind Fliesen!* Und deshalb habe ich auch diese portugiesische Fliese installiert, mit diesem arabischen Muster. Freilich 640 Mark der Quadratmeter. Aber bitte, das sind Fliesen, die kann ich mir dann in zwei- oder dreihundert Jahren auch noch anschauen, und dann habe ich zu meiner Frau gesagt, weil sie da auch wieder herumgenörgelt hätte, da habe ich gesagt, Moment amal, bitte, wenn ich schon eine 640-Mark-Fliese von dieser Qualität in meine Garage installiere, dann kommt mir selbstverständlich auch eine Bodenheizung in meine Garage. Warum eine Bodenheizung? Das kann ich selbstverständlich erklären. Erstens einmal, wenn man ehrlich ist zu sich selbst, wenn man aufrichtig ist, wenn man wirklich aufrichtig ist, dann wird man zugeben, man ist im Grunde seines Lebens viel häufiger in seiner Garage, als man zuzugeben bereit ist. Mal was einladen, mal was ausladen, oder auch sonst, es gibt immer Gründe, sich in einer Garage aufzuhalten. Außerdem bin ich selbst sehr empfindlich für Erkältungskrankheiten. Wenn es irgendwo ein bißchen zieht, schwupps, hab ich schon wieder rheumatische Beschwerden. Was habe ich nicht an Ascorbinsäure gefressen, was habe ich nicht an Vitamin-C-Tabletten geschluckt, was habe ich nicht Geld in die Apotheke geschleudert. Bitte, sagen Sie einmal Kartarrh, sagen Sie ruhig einmal Karrtarrh. So, jetzt sage ich Ihnen einmal etwas – Katarrh – was ist das, ein Karrrtarrrh? Aber das sage ich erst, seitdem ich eine Bodenheizung in der Garage habe. Außerdem habe ich zu meiner Frau noch gesagt, weil sie auch da schon wieder so ein Gesicht gemacht hat, nein, wer Alpha sagt, der sagt auch Omega. Auf die sechzig Quadratmeter Auffahrt vor meiner Garage kommt es mir nicht mehr drauf an. Da kommt mir ebenfalls eine Bodenheizung rein. Warum eine Bodenheizung unter die Auffahrt? Das kann ich Ihnen leicht erklären. Unsere Jasmin fährt jetzt seit zwei Jahren mit einem Führerschein herum. Und unser Jüngster, der Jean-Claude, der ist jetzt elf Jahre alt. Also dann rechnen Sie mal mit. Sehen Sie, noch sieben Jahre, dann hat der Jean-Claude ebenfalls den Führerschein. Ja, wir wissen doch heute noch nicht, was diese Jugend morgen vorhat. Was geht durch die Köpfe dieser jungen Menschen? Wir können doch von jetzt nicht gleich auf die Zukunft schließen. Was wollen diese jungen Menschen einmal? Wohin geht der Trend? Und überhaupt diese Jugend. Wohin geht diese Jugend? Vielleicht wollen sie einmal das Auto gar nicht in die Garage stellen? Bitte! Dann sage ich, verdammt noch mal, dann laßt doch das Auto einfach vor der Garage stehen! Scheißegal, aber dann habt ihr auf alle Fälle einmal die Reifen warm. Ich habe die Logistik für die Garage wirklich durchgecheckt. Nur damit Sie einen Vorgeschmack haben: Also, in meiner Garage, da habe ich eine Stereoanlage, aber *das* ist wirklich eine Stereoanlage. Wenn einmal Festivitäten sind oder Firmungen, und die Garage hat eh schon eine gute Akustik – eine Kassette rein, mit diesem Musikantenstadl, und ab geht die Post. Ich habe in meiner Garage eine Espressomaschine, ich habe in meiner Garage ein Urinal, mit dieser Leifheit-Schnellspülung, ja bitte, wenn es mich zwickt, geh ich doch nicht vor die Tür und piesle meinem Nachbar Dr. Brezner vor die Haustüre, und dem seine Frau schaut dann zu. Ich habe eine Wand der Garage verspiegelt, das gibt der Garage räumlich noch eine Dimension. Meine Frau sagt, ein Hauch von Versailles, aber sie übertreibt ja immer. Aber letztes Jahr habe ich in meine Garage einen Adventskranz gehängt, um etwas adventliche Stimmung zu verbreiten, nicht schlecht, nur dieses Jahr kommt mir mit Sicherheit ein Christbaum in die Garage, fünf Meter hoch, eine Nordmanntanne, die wird total elektrifiziert, und wenn ich dann nach Hause fahre, dann switche ich vom Auto aus, der Bewegungsmelder meldet mich, der Sensor, und langsam öffnet sich das Tor meiner Garage, ich fahre langsam in meine Garage hinein, der Christbaum brennt, aus der Stereoanlage tönt »Vom Himmel hoch, da komm ich her«, da weiß ich dann, jawoll, in dieser Garage, da ist Weihnachten. In dieser Garage, da bist du daheim.

Wie jeden Abend. Clemens Kugler findet keinen Parkplatz und kommt zu spät zum Abendessen!

Herbert Rosendorfer

Der Weihnachtsdackel

Der 24. Dezember war in jenem Jahr, an das Besenrieders zeit ihres Lebens nur mit Schaudern zurückdenken, ein Freitag. Strenggenommen hatte Günther Besenrieder – ein durch nichts sich von anderen Beamten unterscheidender Oberinspektor beim städtischen Eichamt – am Vormittag noch Dienst, aber das war kein echter Dienst, denn erstens: wer kommt am 24. Dezember ins Eichamt? Und zweitens: der Amtmann Grünauer hatte eine Bowle und Plätzchen von daheim mitgebracht und verfügte die Abhaltung einer Weihnachtsfeier. Jeder versuchte einen höflichen Schluck der von Frau Amtmann Grünauer liebevoll zubereiteten Bowle und besorgte sich dann heimlich ein Bier. Grünauer war beleidigt, als er die Bowle wieder mit heim nehmen mußte, und wünschte nur: »Schönes Wochenende!« und nicht »Frohe Feiertage!«

Bei dem nachtragenden Amtmann verhieß das für das Betriebsklima der nächsten Woche nichts Gutes, aber das war das wenigste an den Turbulenzen dieser Tage, vor allem weil Besenrieder – was er naheliegender Weise noch nicht ahnte – nicht Gelegenheit hatte, an der grantigen Woche Grünauers zwischen den Weihnachtsfeiertagen und Silvester teilzunehmen. »Ich hätte Grünauers Grant gern in Kauf genommen, wenn ich das alles nicht hätte erleben müssen«, sagte Besenrieder später oft.

Gegen zwei Uhr kam Besenrieder heim. Frau Besenrieder hatte ihn um zwölf Uhr erwartet. »Und zwar nüchtern!« sagte sie und fügte einen größeren Schwall Wörter hinzu: wie er sich das denke, ob sie alles allein machen solle, daß noch kein Baum geschmückt sei, daß man noch auf den Friedhof und zu den Eltern fahren müsse, und daß die Kinder seit dem Aufwachen unausstehlich seien und das erste Mal kurz nach acht Uhr gefragt hätten, wann endlich das Christkind käme.

Besenrieder stellte seine Aktentasche auf das Vertiko im Flur.

»Du sollst nicht immer die Aktentasche auf das Vertiko stellen«, schrie Frau Besenrieder, »daß du dir das nicht merken kannst.«

Der kleinere Besenrieder-Knabe schaute aus dem Kinderzimmer und krächzte: »Kommt jetzt das Christkind?«

Besenrieder stellte die Aktentasche unter das Vertiko und sagte: »Es hilft nichts: ich muß noch einmal fort. Dein Weihnachtsgeschenk ...«

Frau Besenrieder stieß einen Schrei aus, heulte: »Ich werde wahnsinnig!« und rekapitulierte in rascher Folge, welche Katastrophen hauptsächlich durch Verschulden ihres Mannes in den vergangenen Jahren zu Weihnachten über die Familie hereingebrochen waren: damals, im ersten Ehejahr, wo Besenrieder nicht daran gedacht hatte, daß in dem jungen Hausstand noch kein Christbaumständer vorhanden war, und wo dann nichts anderes übriggeblieben war, als die obersten Zweige des Christbaums mit Reißnägeln an die Decke zu heften; und dann das Jahr, wo Besenrieder steif und fest behauptet hatte, der Christbaumverkauf ende am 24. um 12 Uhr, und man bekomme in den letzten Stunden die schönsten Bäume um eine Mark, und in Wirklichkeit endete der Christbaumverkauf am 23. abends, und Frau Besenrieder sei damals mit dem Auto 66 Kilometer kreuz und quer durch die Stadt gefahren, und um halb fünf Uhr am Heiligen Abend habe sie durch Zufall einen Großhändler in Waldperlach gefunden, der zufällig noch in seinem Geschäft war und grad mit seiner Sekretärin ein sehr zweideutiges Weihnachtsfest gefeiert habe; der Großhändler habe seine Hose unwillig zugeknöpft und ihr – Frau Besenrieder –, weil sie Tränen in den Augen gehabt habe, einen Krüppel von Fichte für vierzig Mark verkauft, und das auch noch unter der Bedingung, daß sie zwei Steigen schon sehr weicher Tomaten – die Steige zu elf Mark – mit dazunahm, aus denen sie dann einen Tomatenauflauf gemacht habe, von dem der Familie noch zu Dreikönig schlecht war. Günther Besenrieder setzte sich still in die Wohnküche und rülpste.

Natürlich war es bei der Feier im Eichamt nicht bei der einen Flasche Bier geblieben. Aber eigentlich betrunken war Besenrieder nicht, nur flau war ihm im Magen. Das kam wahrscheinlich davon, daß er sich verpflichtet gefühlt hatte, wenn er schon nicht die Bowle trank, wenigstens die Plätzchen der Frau Amtmann Grünauer zu essen.

Nach einiger Zeit beruhigte sich Frau Besenrieder. Während Günther Besenrieder mit dem älteren Sohn den Baum aufstellte und schmückte, erledigte Frau Besenrieder mit dem jüngeren den Besuch bei ihren Eltern und am Friedhof, und als sie gegen vier Uhr zurückkam, war es schon dunkel, auf den Straßen war es ruhig geworden, leiser Schnee rieselte, aus manchen Fenstern schimmerten schon Kerzen, und Friede und Ruhe und der Duft von gebratenen Äpfeln senkten sich auf die Welt.

»So«, sagte Günther Besenrieder, gab seiner Frau einen weihnachtlichen Kuß und ging. In längstens 20 Minuten, sagte er, sei er wieder da. Er müsse das Geschenk für seine Frau holen, ein sehr schönes, eigenartiges Geschenk, das seiner Art nach leider ungeeignet gewesen sei, in der Wohnung versteckt zu werden. Auch die Kinder, sagte Besenrieder, würden sich darüber freuen.

Im Stiegenhaus – das ist für die Geschichte nicht ohne Bedeutung – überholte Besenrieder das ältliche Ehepaar Astfeller aus dem Stock drüber. Astfellers schleppten Koffer und größere Pakete. Weihnachtlich weich half Besenrieder bis zur Haustür tragen, wo ein Taxi wartete. Besenrieder wünschte frohe Feiertage. Astfellers dankten und erwähnten, daß sie nach Bad Aibling zu ihrer dort verheirateten Tochter führen, um mit der und den Enkeln das Fest zu verbringen. Erst am Neujahrstag würden sie zurückkehren.

Als Besenrieder 20 Minuten später mit dem Dackel zurückkam, begegneten ihm die Eheleute Geist, die neben Besenrieders wohnten.

»Oh«, sagte Frau Bundesbahnexpedientin a. D. Geist, »haben Sie jetzt ein Hundchen? Oh, wie süß.«

»Das Weihnachtsgeschenk für meine Frau«, sagte Besenrieder.

»Lieb schaut er«, sagte Herr Bundesbahnexpedient a. D. Geist. Dann wünschte Besenrieder dem Ehepaar Geist frohe Feiertage und erfuhr mit den Gegenwünschen, daß Geists die Feiertage bis Silvester bei ihrem Sohn in Deisenhofen zubringen wollten und daß es jetzt langsam pressiere, weil man doch, noch dazu, wo es zu schneien angefangen habe und man nicht zu schnell fahren könne, eine gute halbe Stunde nach Deisenhofen hinaus brauche und weil man rechtzeitig zur Bescherung da sein wolle.

Günther Besenrieder hatte den Dackel – Adolar von Königsbrunn – nebst Stammbaum bereits in den ersten Dezembertagen in einer Tierhandlung erworben und bezahlt. »Aber es soll natürlich eine Überraschung für meine Frau werden«, hatte Besenrieder gesagt, worauf ihm der Tierhändler anbot, gegen einen bescheidenen Verköstigungssatz das Tier bis zum Heiligen Abend bei sich zu behalten. Besenrieder könne Adolar auch noch am Nachmittag dieses Tages abholen, er, der Tierhändler, habe keine Familie und hasse Weihnachten. Er sitze am 24. Dezember sicher bis sieben Uhr im Laden und mache den Jahresabschluß der Buchhaltung, das könne er, da in der Zeit von Weihnachten bis Silvester erfahrungsgemäß höchstens ein paar Mehlwürmer von Aquarienfreunden gekauft werden, und diese paar Mehlwürmer nehme er buchhalterisch und mehrwertsteuerlich ins neue Jahr hinüber. Übrigens sei der Käufer nicht verpflichtet, den Hund ›Adolar‹ zu rufen. Der Hund höre nicht auf diesen Namen, auch nicht auf ›von Königsbrunn‹. In den seltensten Fällen würden die Hunde mit ihrem Namen aus dem Stammbaum gerufen. Für Dackel empfehle sich ›Waldi‹ oder ›Purzel‹.
Besenrieder beschloß, die Rufnamensfrage seiner Frau zu überlassen, setzte den Hund vor der Wohnungstür auf den Boden und band ihm

eine große rote Schleife aus Stoff um, mit Goldrand, wie man sie sonst für Weihnachtspakete verwendet. Dem Dackel war die Schleife unangenehm, und er versuchte sie durch Winden des Halses und Pfotenkratzen von seinem Hals zu entfernen.

Vielleicht, dachte Besenrieder, ist die Schleife zu eng. Er beugte sich nochmals zum Hund hinunter, faßte nach der Schleife, aber da knurrte der Dackel und bellte laut.

Das hörte Frau Besenrieder, machte die Tür auf, schlug die Hände über dem Kopf zusammen, rief:

»Nein, wie niedlich.«

Die Kinder kamen gerannt. Besenrieder sagte:

»Adolar heißt er, aber wir können ihn noch umtaufen.«

Der Dackel rannte in den Flur, rieb den Hals am Vertiko, warf es fast um und brachte es fertig, die Schleife vom Hals zu zerren.

Alle anderen Geschenke traten in ihrer Bedeutung hinter Adolar zurück. Selbst die Kerzen am Christbaum – was später, wie sich zeigte, förmlich lebensrettend war – wurden nach wenigen Minuten wieder ausgeblasen. Die Weihnachtssendung im Fernsehen wurde ausgeschaltet. Alle vier Besenrieder setzten sich auf den Boden und betrachteten den Dackel.

Der Dackel knurrte.

»Es ist ihm noch ungewohnt«, sagte der älteste Bub.

»Ist er stubenrein?« fragte Frau Besenrieder.

»Selbstverständlich«, sagte Günther Besenrieder. Aber wahrscheinlich war die Erziehung des Dackels nicht davon ausgegangen, daß in der

Stube, die ein Hund rein zu halten hat, ein Baum steht, nämlich der Christbaum, und er hob das Bein. Aber das war noch das wenigste. Kurz darauf – Frau Besenrieder hatte einen Kübel und einen Putzlumpen geholt, um Adolars oder Waldis oder Purzels, je nachdem, Duftmarke aufzuwischen – schaute der Hund den kleineren der Besenrieder-Buben mit gesenktem Kopf von unten her an, knurrte nicht nur, sondern fletschte die Zähne.

Der Bub flüchtete zur Mutter. Die Mutter stellte den Kübel hin (ein Glück im Unglück, wie sich bald zeigte) und nahm den Buben hoch.

»Der Hund ist noch nicht an Kinder gewöhnt«, sagte Herr Besenrieder.

»Er spuckt Bier«, sagte der ältere Bub.

»Was?«

Adolar knurrte. Frau Besenrieder schrie auf:

»Er hat Schaum vor dem Mund.« Adolar kläffte kurz und heiser zum Buben auf Frau Besenrieders Arm hinauf. Frau Besenrieder flüchtete hinter den Christbaum:

»Tu den Hund hinaus – Günther ... Günther ...!« Jetzt brüllte auch der größere Bub. Der Dackel drehte sich im Kreis und rollte die Augen. Frau Besenrieder stieg auf einen Sessel und sagte:

»Er hat die Tollwut!«

»Unmöglich«, wollte Herr Besenrieder sagen und auf das Zertifikat verweisen, das er vom Tierhändler über die tadellose Gesundheit des Hundes bekommen hatte. Besenrieder kam aber nur bis »Unmö«, da faßte der Dackel ihn ins Auge und – es sei das Fürchterlichste in der ganzen Sache gewesen, erzählte Besenrieder später, als er nach der Scheidung wieder öfters im Gasthaus saß und die Geschichte des Abends zum besten gab – und schielte. Der Dackel schielte wie ein Dämon, nahm einen Anlauf, raste auf Besenrieder zu. Besenrieder riß geistesgegenwärtig die Wohnzimmertür auf, sprang in die Höhe, der Dackel schoß unter ihm durch hinaus auf den Flur, Besenrieder schlug die Tür zu.

»Dreh den Schlüssel um!« kreischte Frau Besenrieder.

»Er kann doch die Tür nicht aufmachen«, sagte Besenrieder.

»Dreh den Schlüssel um«, schrie Frau Besenrieder einen halben Ton höher.

Da drehte Herr Besenrieder den Schlüssel um, und die Belagerung hatte begonnen. Von weihnachtlicher Stimmung war natürlich keine Rede mehr.

»Wir müssen die Polizei anrufen«, sagte Frau Besenrieder.

»Wie denn?« sagte Besenrieder, »das Telefon ist im Flur.« Die Lebensmittel waren in der Küche. Zum Glück hatte Besenrieder den Christbaum üppig mit Fondants und Russisch Brot geschmückt. Das half über die ersten Tage.

Klopfen an den Wänden war sinnlos. Besenrieder hatte ja gesehen, daß sowohl Astfellers als auch Geists verreist waren.

Sie schrien aus dem Fenster. Entweder hatten alle anderen Leute ihre Fenster fest verrammelt oder der immer stärker fallende Schnee erstickte das Rufen, jedenfalls antwortete niemand.

Nur einmal zeigte sich im ersten Stock im Haus auf der gegenüberliegenden Straßenseite eine alte Frau. Besenrieder brüllte und winkte. Die alte Frau winkte zurück, öffnete sogar das Fenster einen Moment und schrie: »Danke – ebenfalls frohe Feiertage.«

Als die Fondants und das Russisch Brot aufgegessen waren, aßen Besenrieders die Kerzen.

Der Hund – wie sich Besenrieder durch gelegentliche kühne Spähblicke durch den Türspalt überzeugte – ernährte sich vom Teppich des Flurs und, nachdem er ihn aufgefressen hatte, von zwei Paar Schuhen. Es schien ihm nicht nur zu schmecken, sondern sogar zu bekommen. Herr Besenrieder hatte nach drei Tagen den Eindruck, der Dackel sei merklich gewachsen.

Hunger ist bekanntlich eher zu ertragen als Durst. Im Wohnzimmer war kein Wasserhahn, aber zum Glück war ja der Eimer Aufwischwasser da, und außerdem stand der Christbaum – damit er nicht so schnell nadelte – in einer großen Schüssel mit Wasser.

Als das Wasser ausgetrunken war, mußte man wohl oder übel an die Spirituosen gehen, die in der Herrenkommode verwahrt wurden. Die Familie trank im Lauf der Tage drei Flaschen Wermut, eine Flasche Bourbon, zwei Flaschen Scotch, eine Flasche Steinhäger und etliche Flaschen Wein aus. Das hatte den Vorteil, daß die Kinder fast ständig schliefen und daß über Herrn und Frau Besenrieder zeitweilig eine heitere Gelassenheit kam. (Wovon der Dackel seinen Durst stillte, war unklar. Wahrscheinlich, vermutete der ältere Besenrieder-Sohn, ist die Badezimmertür offen, und die Bestie trinkt aus dem Klo.)

Trotz heiterer Gelassenheit waren die gruppendynamischen Verhältnisse im Wohnzimmer verheerend. Herr Besenrieder erfuhr im Lauf dieser Tage vielfach und in immer rascher werdenden Wiederholungen alles, was er in der Ehe falsch gemacht hatte. Zorn- und Tränenausbrüche wechselten ab mit Selbstmorddrohungen:
»Ich geh' hinaus auf den Flur und lasse mich von der Bestie zerfleischen.«
Und Besenrieder wurde durch die Schraubstocksituation auch nicht gerade ein Engel. Die Eheleute nagten sich seelisch ab bis auf die Knochen. Zum Schluß vergaß sich Besenrieder bis zu einer Ohrfeige, die er seiner Frau gab. Besenrieder tat die Ohrfeige zwar sofort leid, er stand da wie erstarrt. Die Kinder weinten. Frau Besenrieder sagte nur: »So!«, ergriff die letzte Flasche Sliwowitz und stürzte mit dem Viertelliter, der darin war, alles in sich hinunter, was es an Flüssigkeit noch in dem Zimmer gab. »Paula!« rief Günther.

Zu spät. In jeder Hinsicht zu spät. Als Adolar von Königsbrunn am Abend des Neujahrstages endlich doch verhungerte, verließ Frau Besenrieder das Wohnzimmer nur, um ungerührt über die Dackelleiche hinwegzusteigen, im Schlafzimmer ihren Koffer zu packen und zu ihren Eltern zurückzukehren. Die Kinder holte sie einige Tage später, am selben Tag, als gegen Besenrieder ein Disziplinarverfahren wegen unentschuldigten Fehlens eingeleitet wurde.
Als Besenrieder vor dem Disziplinarausschuß die Sache mit Adolar erzählte, lachte der Vorsitzende fürchterlich, sagte, das sei ohne Zweifel

die originellste Ausrede, die er je gehört habe. Geglaubt wurde Besenrieder nicht.
Die Scheidungskosten und der Versorgungsausgleich fraßen Besenrieders Ersparnisse auf. Als er den Schadensersatzprozeß gegen den Tierhändler verlor, mußte er, um die Verfahrenskosten zahlen zu können, sein Auto verkaufen.
Er kam nach der Entlassung aus dem Dienst als Pfleger in einem Tierasyl unter. Immerhin verdiente er so viel, daß er abends in einer billigen Wirtschaft ein paar Bier trinken konnte. Auch den Heiligen Abend verbrachte er regelmäßig in dieser Wirtschaft. Sie hieß »Sporteck«. In vorgerückter Stunde pflegte er den anderen Elendsexistenzen die Geschichte vom Dackel Adolar und von der Tollwut zu erzählen. Sie war stets ein Lacherfolg.

Fanny Müller

Buchmesse

Auf der letzten oder vorletzten Frankfurter Buchmesse war es eigentlich wie immer, aber darüber will ich jetzt gar nicht meckern, weil ich es manchmal doch gern habe, wenn es furchtbar laut ist und überall schlechte Luft und man ganz herzlich von flüchtigen Bekannten umarmt wird, die einen dann ganz schnell loslassen, weil wer Wichtigeres vorbeikommt.

Meistens saß ich am Stand, der die Bücher von Arno Schmidt ausgelegt hatte. Dort gab es den besten Wein. Einmal kam ein Mann in schmutzigen Sandalen vorbei: »Ey, geil, Arno Schmidt!« rief er. Dann blätterte er in den Büchern herum und sagte entschuldigend zu mir: »Arno Schmidt ist ja jetzt 'n bißchen kultig, aber trotzdem okay.« Ich erwiderte, daß ich es Herrn Schmidt nachher ausrichten würde.

An einem anderen Stand war auch viel los, mit Fernsehen und allem, und da ich nicht sehen konnte, um wen es ging, fragte ich einen der Journalisten, der am Rande stand. Es ging um Veronica Ferres. Da kam ich gleich auf die Idee, daß die wohl ein Buch geschrieben haben muß. Hat sie aber nicht, sagte er. Vielleicht hat sie eins gelesen –?

Ich selbst wurde auch einmal das Objekt von Verehrung, jawohl! Ein netter junger Mann fragte mich, ob ich Fanny Müller sei, was ich bejahte, und sagte anschließend wörtlich: »Ich habe an Ihnen schon sehr viel Vergnügen gehabt!« Gerade wollte ich es abstreiten, weil es nämlich überhaupt nicht sein kann, ich habe sogar schon mehrere schriftliche Aussagen darüber; aber dann fiel mir erstens ein, daß auf mein Kurzzeitgedächtnis überhaupt kein Verlaß mehr ist, und zweitens, daß ich *doch* ein Tagebuch schreiben sollte, dann könnte ich da wenigstens nachgucken. Er setzte aber gleich hinzu: »Ich meine – an Ihren Büchern.« – Wußt' ich's doch!

Mynona

Die alte Witwe

Der Spaß bestand in nichts Geringerem, als daß endlich eine freundliche alte Witwe auf den Einfall gekommen war, sich wieder zu verheiraten. Wie es die Art alter Frauen nun einmal ist, so griff sie nachdenklich in die Dose und begann zu schnupfen. Da sie nachgerade ins Niesen geriet, wurde ihr der Kopf hell und sie sprach zu sich selber: »Anna!« und als wenn sie nicht zugehört hätte, betonte sie lauter: »Anna, Anna!« Jeder wird ihr gewiß recht geben. Sich selber laut beim Namen zu nennen, wenn man einen Gedanken hat, der unser Leben höllisch revolutioniert, ist gar ein deutliches Zeichen von Tiefsinn.

Die Witwe – Handschuhnummer 8!! – zog ihr Taschentuch, schneuzte sich, daß es klang wie eine morsche Turmglocke, schluchzte auf und weinte sich wieder jung. In diesem zivilisierten Zustande holperte sie auf die Straße und ging zu einem mäßigen Junggesellen, der ihr Nachbar war und dem sie gern zu verstehen geben wollte, was eine Harke ist. Es war nicht allzu leicht, indem dieser Nachbar besonders prophylaktisch veranlagt war. Aber wenn erst 'ne olle Wittib –

»Guten Abend!«

»Guten Abend!«

Hierauf verfuhr die infame Witwe resolut. Sie setzte sich hageldicht an den Nachbarn heran und begann einen Plausch, daß diesem die Weste zu eng wurde. Sie sprach von Theater, Gurkensalat, Maßliebchen,

Schnürleibchen, Moses, Spitzhunden, Bettlaken, Ölsardinen, Kanonen und Flöhen. Als sie sah, daß der Augenblick gekommen war – nämlich der Nachbar, ein Herr in mittleren Jahren mit ungeheurer Vorliebe für Filzschuhe und Einsamkeit – war fast unter den Tisch geredet, alsdann heulte und jammerte sie unter Tränengüssen, rang die Hände, warf sich plötzlich über ihn, verbarg ihre Flügelhaube an seiner Hemdbrust und stöhnte:

»Wir tun uns eben zusammen!«

Selbst ein sehr strenger Logiker hätte über diese Manier, zu schlußfolgern, keineswegs überraschter sein können als Herr Wenndudoch (so hieß er leider). Wenndudoch besann sich etwa so lange wie ein Hahn braucht, um energisch zu krähen – dann aber krähte er mit einer förmlich unirdischen Stimme in die obige Witwe hinein: »Frau Trockendock (so hieß sie glücklicherweise), ich bedaure mit geneigter Miene, daß ich auf Ihre jeden von uns so sehr ehrende wie auch beglückende Offerte nicht eingehen kann.« Darauf tuschelte er ihr etwas ins Ohr, worauf sie ihm aber laut antwortete: »So? Na das macht doch nichts!« In diesem Augenblicke beschloß Wenndudoch, da eben nichts weiter half, irrsinnig zu werden. Siehe da, die Trockendock fand ihn jetzt erst interessant. »Wissen Sie«, sagte sie zärtlich, »Sie glauben gar nicht, wie langweilig der normale Mann ist. Bleiben Sie man so!« Wenndudoch wurde blaß wie weiße Stubendeckentünche. Fünf Minuten später war er ††† Leiche. Dieser Mann war den Stürmen der Leidenschaft nicht gewachsen.

Es ist verzeihlich, daß er starb. Nur half es ihm nichts. Die Witwe radelte mit der Leiche zum Standesbeamten. Der blickte sie lange verwundert an. Er begab sich nach vollbrachter Amtshandlung sofort in ein Sanatorium. Das Ungewohnte ist so anstrengend!

Witwe Trockendock fand in ihrer neuen Ehe keine Befriedigung. Leichen sind stets schlechte Ehemänner gewesen – und gar wenn sie, wie in diesem Falle, schließlich gegen ihren Willen geheiratet wurden. Aber immerhin –! Es ging. Man vertrug sich. Man ergänzte sich, so gut es ging. Man wahrte die Dehors. Von Wenndudoch hat sie nie ein böses Wort gehört; überhaupt keins ...

Trude Mumps weiß, dass Herr Strobel harmlos ist, er will nur mal wieder schnüffeln.

Kurt Tucholsky

Herr Wendriner geht ins Theater

Für Paul Graetz

»Sehn Se, es hat schon angefangen!«

»Verräterei wird nicht vererbt, mein Fürst,
Und überkämen wir sie von Verwandten,
Was gehts mich an? Mein Vater übte keine.«

»Wo ist denn – wo sind wir denn? Wo ist denn unsere Reihe? Hier? Nein, da! Entschuldigen Sie. Padong! Bitte sehr. Danke sehr. Nanu? Ach, da ist unser Platz. Uff – Ich hab Ihn gleich gesagt, wir hätten 'n Auto nehmen solln!«

»Du Törin, du! Sie stiehlt dir einen Namen –«

»Haben Sie 'n Zettel? Zeigen Sie mal – man kann jetzt nichts sehn. Wer ist das? Ausgeschlossen ist das die Bergner. Ich kenn sie doch: wir waren neulich zusammen mit ihr eingeladen bei – Pst! Psst! Ekelhaft, dass die Leute nicht pünktlich kommen können! Ein Miesnick, der da reinkommt! Nu sehn Sie sich die Beine an! So was muss Schauspielerin werden! Psst! Man versteht kein Wort, so leise sprechen die. Sehr schöne Ausstattung. Ja, Reinhardt.«

»O arme Rosalinde, wohin willst du?
Willst du die Väter tauschen? So nimm meinen!«

»Schönes Kleid, was die da anhat. Sehr schön ... Ich kann nicht genau erkennen; aber ich glaube, da oben sitzen Korders. Doch, das sind sie,

ich kenn doch den Kopp. Von wem ist die Musik? Na, ich wer nachher sehn. Die Bergner war noch nicht, was? Nein, sie war noch nicht. Nanu –? Schon Pause –? Ach so, Zwischenakt.
Nu sehn Sie sich mal an, da kommen immer noch Leute! Gut besucht. Die Kritiken waren ja auch sehr gut. Ich habe nur durch meinen Schwager die Billetts bekommen, sonst hätt ich sie gar nicht bekommen. Nein, meine Frau ist heute bei Welschs, die spielen Britsch. Spielen Sie gern Britsch? Ich mach mir nichts aus Britsch. Donnerwetter, ich glaube, ich hab vergessen, zu Hause das Gas am Badeofen auszumachen! Sehn Sie mal, die da! Die Nase find ich nicht hübsch; ja, die Augen gehn. Ah – da fängts wieder an. Erinnern Sie mich, dass ich Ihnen nachher den Witz mit dem Durchbruch erzähle!
Sehn Sie – das ist die Bergner! Ich kenn sie gleich, das ist sie. Schrecklich, wenn die Leute vor einem immer mit dem Kopf wackeln. Als ob das so schwer ist, den Kopf stille zu halten! Rücksichtslosigkeit. Reizend, nicht wahr? Ja, neulich bei Tisch, wo wir mit ihr eingeladen waren, war sie auch reizend. Eine reizende Person. Sagen Sie mal, haben Sie gesehen, dass ich den Brief eingeworfen habe, den ich vorhin in der Hand hatte? Ich glaube ja, was? Ja, ich glaube, ich hab ihn eingeworfen.«

»Könnt ich vom Glück nur diesen Lohn erwerben,
Nicht Schuldner meines Herrn und sanft zu sterben!«

»Pause. Sehr schön. Die Bergner ist fabelhaft. Die andern find ich nicht so gut. Nu hören Sie bloß, wie die da oben klatschen. Na, na –! Gehn wir bisschen raus? Ich geh ’n bisschen raus, kommen Sie mit? Entschuldigen Sie nur, dass ich hier durchgehe! – ssississ! Natürlich waren das Korders, was hab ich Ihnen gesagt – den Kopp kenn ich. Kommen Sie, wir gehn 'n Glas Bier trinken! 'n Abend! Keine Ahnung, wer das war – man hat soviel Bekannte ... Wer war das? Das war der? Den hab ich mir ganz anders vorgestellt – hat der nicht neulich die Geschichte gehabt mit dem Verhältnis von Kestenberg? Ich weiß nicht, sie hat abgetrieben, aber er wollt nicht, und dann hat er doch gewollt ... Eine Fülle! Wir haben ganz gute Plätze, was? Ich sitz nicht gern Loge, ist doch nicht nötig! Sehn Sie mal vor uns: reizende Person! Famos angezogen, famose Figur! Kommen Sie, wir gehn mal vorbei – Donnerwetter! Fabelhaft! Haben Sie den Blick gesehn, den sie mir zugeworfen hat? Lieber Freund, die wär gar nicht so ohne. 'n Augenblick mal, meine Krawatte sitzt nicht, da is 'n Spiegel – so. Sehn Se, da kuckt sie wieder. Na, die Frau ist schon klasse! Überhaupt sehr gutes Publikum hier. Ich freu mich, dass wir so gute Plätze haben – ohne meinen Schwager hätt ich sie gar nicht gekriegt. Sehn Sie mal den – sicher 'n Attaché, was? Skandal, so kleine Kinder mit ins Theater zu nehmen! Kleine Kinder gehören ins Bett. Na ja, 'n klassisches Stück ... Ich geh sonst nie in klassische Stücke – aber das hier ist ja was anders. Nu sehn Sie sich mal die an, den Schmuck! 'n Ahmt! Regierer! – na, Sie auch hier? Ja, wir sind auch hier. Was machen Sie denn in soner guten Vorstellung? Ich meine ... Sie interessieren sich nicht für Theater, denk ich? Na ja, die Kritiken waren ja sehr gut. Die Bergner ist fabelhaft. Ich sahre eben zu Epstein: ich mach sonst keine klassischen Vorstellungen, aber das hier ist ja was anders. Ja, natürlich. Selbstverständlich.

Nein, wir waren gestern im Kino, zu Schepplien: ganz nett. Morgen gehn wir ins Philharmonische. Ich glaube links, hinten im Gang. Viel Vergnügen! 'n Ahmt! Wissen Sie, der Regierer gefällt mir nicht. Seit er die Sache mit seinem Sozius gehabt hat ... Was? das wissen Sie gah nicht? Der Sozius hat heimlich spekuliert, er ist erst dahintergekommen, wie der jeden Tag mit nem neuen Pelz ins Geschäft gekommen ist, und dann hat er doch die Aufregung mit dem Sohn, ja, der nach Italien gegangen ist mit der Person, wie heißt sie – Pst! da ist er. Na, haben Sie gefunden? 'n Ahmt, Regierer! 'n Ahmt! Viel Spaß! Alt geworden, der Regierer. Na ja, die Sorgen ... Es grassieren jetzt überhaupt wieder viel Krankheiten, die Grippe, die Cousine meiner Frau hat auch Milzschwellung, der Arzt weiß noch nich ... Kommen Sie, wir trinken 'n Glas Bier! Nicht doch so drängeln! Wissen Sie, wenn man hier nicht drängelt, kommt man überhaupt nicht ran. Wieviel? Unverschämtheit! achtzig Pfennig für ein kleines Glas Bier! Son Geschäft möcht ich auch mal haben! Ach so, richtig, ich wollt Ihnen ja den Witz mit dem Durchbruch erzählen. Also ... und da rufen die: Verrat! Verrat! wir sind im – – ahhahhaha! Gut, was? Hab ich heut im Geschäft gehört. Nein, das Stück hab ich nicht gesehn. Ach wissen Se, Tendenzstücke, wenn ich das will, les ich meine Zeitung. Kunst ist keine Politik, verstehn Sie mich?
Kommen Se, wir lassen uns die Garderobe rauslegen. Ach, Frollein, legen Sie mir doch nachher die Garderobe raus, ja? Hier – haben Sie dreißig Pfennig – ssiss gut so. Sie, ob das Gas zu Hause brennt? Das wär mir sehr unangenehm – meine Frau kommt nehmich eher nach

Hause als ich. Sie haben da ’n Fussel auf Ihrem Anzug. Es klingelt. Gehn wir wieder rein. Fixen Sie eigentlich Franken? Ich weiß nicht … Übrigens haben Divan & Wronker ihr Geschäftsjubiläum gehabt – ich war da zum Essen. Haben Sie gratuliert? Müssen Sie tun – man kann nie wissen. Ja, es war ’n großes Dineh, ’s Essen war ganz gut, der Dings hat gesprochen, der von der Handelskammer; neben mir saß Kirsch, das möcht ich auf der Bank haben, was der schon in seinem Leben verloren hat – kommen Sie, wir müssen uns beeilen.
So, da sitzen wir. Ich geh ab und zu ganz gern ins Theater. Wissen Se: es lenkt ab –!«

■ Anonym

Ein traulich Gespräch

In einer niederen Stube war der Tisch gedeckt, ein Mann saß auf der Ofenbank und haspelte Garn auf die Winde. Eine Weibsperson trat aus der offenen Türe, die nebenan in ein kleines, dunkles Stübchen führte. »Können wir wohl noch essen, ehe sie stirbt?«, fragte der Mann. »Esst nur! Mich gibt's noch«, scholl es aus der Nebenstube. – »Sei's drum, so bring die Suppe!«, sagte der Mann, stellte den Haspel weg und setzte sich an den Tisch. Die Antwort war von seiner Frau gekommen, welche drinnen im Sterben lag, doch noch im Sinne hatte, das Essen zu überleben.

Der Mann und die Magd aßen also, ohne daß ihr Appetit gestört schien. »Wohinein soll ich sie nähen, wenn's vorbei ist?«, fragte die Magd, »droben im Wäschetrog sind noch saubere Bettlaken.« – »Die reuen mich fast«, sagte der Mann, »erst voriges Jahr haben wir sie machen lassen, die sind noch fast ganz neu.« – »He, wisst ihr was!«, scholl es aus der Nebenstube, »auf dem Dachboden hängt ein altes Deckbett, das Beste ist's nicht mehr, aber noch ganz. Von dem trennt den Boden ab! Der tut's, und schade drum ist's jedenfalls nicht.« – »He ja«, sagte der Mann, »das wird wohl das Beste sein, und reuen tut's mich am wenigsten. Wenn du abgewaschen hast, so hol's und trenn's auf, damit man es hat, wenn man es braucht!«

»Willst du am Ende doch was essen? Da wär noch ein bisschen Suppe«,

fragte der Mann ins Stübchen hinein. »Mag nicht«, kam die Antwort. »Sei's drum, so trag ab!«, sagte der Mann zu der Magd, »und bring dann das Deckbett runter. Es hängt wohl hinten.«
Als abgewaschen war, holte die Magd das Deckbett, ging damit ins Stübchen, setzte sich vors Bett und begann, den Boden abzutrennen. »Ich denk, ich mach das hier, ich verpass nichts und kann die Nacht über zu dir schauen, ob's dir an was fehlt oder ob es sich ausgeht«, sagte die Magd. »Sei's drum«, sagte die Frau, »aber ganz so schnell geht's dann doch nicht.«
Und richtig, es dauerte noch bis zum Morgen.

Schweizer Anekdote, gefunden bei Jeremias Gotthelf, neu erzählt von Gudrun Schury,
Passagen in Schwyzerdütsch übersetzt von Markus Bundi

Robert Gernhardt

Durch Bella Italia mit der — — Nuckelpinne

»Na Alte, was hältst du von einer Spritztour durch Bella Italia?«

Dieser Ruf erschallte eines schönen Frühlingsmorgens durch das schmucke Schwarzwaldhäuschen, als dessen Besitzer jeder in Kniedorf Gerhard Wohlgemut benannt hätte.

Und kein anderer hatte auch diese Worte geäußert, die nun eine von ihm zweifellos beabsichtigte Wirkung zeitigten. Denn hast du nicht gesehen öffnete sich die Küchentür, und die so summarisch als »Alte« angeredete – in Wirklichkeit eine prächtige Frau von etwa 35 Jahren –, trat auf den Flur.

Marie, so war ihr Name im Paß vermerkt, und als Nachnamen konnte man dort einen Namen lesen, der uns nun schon vertraut ist, den Namen Wohlgemut.

»Gerhard, ist das dein Ernst?«

»Klar. Schau mal, was da draußen steht.«

»Ein Auto! Wie kommt denn das hierher?«

»Von selbst bestimmt nicht!«

»Du hast es gekauft?!«

In Maries Stimme lag ein Jauchzen.

»Hat es schon einen Namen?«

»Klar«, brummte Gerhard und zwinkerte verräterisch mit den Augen. »Nuckelpinne.«

»Nuckelpinne, wie hübsch. Und wann soll's losgehen?«

»Wenn du willst, sofort.«

»Ach Gerhard, wie herrlich!«

Zwei Stunden, nachdem dieses Gespräch stattgefunden hatte, lag das Reisegepäck wohlverstaut im Kofferraum, und auf den beiden vorderen Plätzen befanden sich die beiden Personen, die wir nun schon kennen und die sicher nichts dagegen haben werden, wenn wir sie ab jetzt ganz einfach mit ihren Vornamen anreden.

Hinter dem Steuer saß – wie könnte es anders sein – der stolze Besitzer Gerhard. Neben ihm hockte Frau Marie und strahlte aus allen Knopflöchern. Und ab ging's.

Zuerst mit Karacho durch das verschlafene Schwarzwaldstädtchen, dessen Bewohner nicht schlecht staunten, als sie das seltsame Gefährt daherrauschen sahen.

»Na Alte, was sagst du zu unserer Nuckelpinne? Unser fahrbarer Untersatz hat einen ganz schönen Zack drauf – wie?«

»Fahr nicht so schnell, Gerhard.«

Unter solchen Gesprächen verging die Zeit bis Trient.

»Trento«, stellte Gerhard fest. »Trient ist wohl zu schwer für die Spaghettifresser. Na, hier werden wir, schätze ich, mal ausgiebig an der Matratze horchen. Schau mal links der Campanile. Also bauen können sie!«

Ein Hotel zu einem annehmbaren Preis war schnell gefunden, der Wirt geleitete die Gäste persönlich in das Zimmer, wo Gerhards Interesse rasch von dem Doppelbett gefesselt wurde. Vor den Augen des erstaunten Wirtes ließ er sich auf die Bettstatt plumpsen und stand mit verdüsterter Miene wieder auf.

»Das quietscht ja. Das Bett – il letto, capisci?«

Der Wirt zuckte mit den Achseln, offenbar gingen diese Worte nicht in seinen braunen Schädel.

»Das quietscht. Fa quietschi, quietschi. Niente capito? Kommen Sie mal. Horchen Sie mal. Hier. Macht quietsch, quietsch. Il letto quietsche. Claro?«

Nun wollte der Wirt unter Zuhilfenahme aller Extremitäten irgendwelche Beschwichtigungsversuche vorbringen, doch Gerhard stoppte seinen Redeschwall. »Für das Geld, was das hier kostet, kann man auch ein Bett erwarten, das einen ruhigen Schlaf garantiert. Garantia – capito? Bene schlafen. Voglio bene schlafen senza quietsch, quietsch. Ich zehn Stunden im Auto, sempre wrumm, wrumm, nun ich müde. Ich schlafen. Ohne quietsch, quietsch. Va bene?«

Doch unser armer Italiano schien nichts zu begreifen. Dann schließlich ging ein Leuchten über sein Gesicht, und er verschwand eilig auf dem Flur, freilich nur, um zwei weitere Kissen hereinzutragen.

Am nächsten Morgen, nach so, so verbrachter Nacht, gab dieser Vorfall unseren beiden Helden noch Anlaß zu einem scherzhaften Wortwechsel.

»Irgendjemand mußte es dem Wirt ja einmal sagen.«

»Du hast dich absolut richtig verhalten, Gerhard.«

Hinter Trient veränderte sich die Landschaft ziemlich rasch.

»Weniger Hügel, mehr Flachland, das muß ich mir merken«, sagte Gerhard, während der Marie fast die Augen aus dem Kopf fielen.

»Guck mal, da geht wieder so ein Mann mit einem Korb unter dem Arm.«

»Ging da schon mal einer?«

»Ja, vorhin. Hast du ihn nicht gesehen?«

»Nein, ich war zu sehr von dem Säulengang gefesselt.«

»Den hab ich nun wieder nicht gesehen.«

»Solltest du aber. Anstatt Männern nachzuschauen.«

»Gerhard, du weißt doch, wie es gemeint war!«

»Klar. Sollte auch nur ein Scherz sein.«

Bis Florenz ging alles gut. Dann tauchte in der Ferne die Domkuppel auf.

»Scheint il duomo zu sein«, bemerkte Gerhard mit Kennerblick. »Brunelleschis Meisterwerk. Roter, als ich dachte.«

Marie war ganz Ohr, als sich die Nuckelpinne ihren Weg durch das Verkehrschaos der Stadt am Arno bahnte und Gerhard seine Erläuterungen abgab.

»Jetzt muß gleich der Palazzo Vecchio kommen. Da hat früher der Stadtrat getagt. Was war denn das da links?«

Der erste Vormittag gehörte ganz und gar den Uffizien. Die Meisterwerke der Malerei wurden ausgiebig begutachtet, und dann war eine kleine Stärkung fällig.

»Voglio un poco mangiare«, bedeutete Gerhard dem dienstbaren

Geist der Trattoria, der bald, mit einer Speisekarte bewaffnet, wiederauftauchte.

»Na, was gibt's denn hier Gutes?« mit diesen Worten vertiefte er sich in la carta. »Also da kenn sich einer aus. Alles so ein Brutta con Tutta und Cotschelone alla Panna-Zeug. Was nimmst du? Ich nehme Spaghetti.«

Da wollte Marie nicht nachstehen. »Was ist denn das hier?« Der Kellner klaubte seine zugestandenermaßen etwas armseligen Deutschkenntnisse zusammen und erklärte: »Eine schöne Fleisch von Huhn mit Reis.«

»Eine schöne Fleisch – der gefällt mir!«, sprang Gerhard hilfreich ein. »Der meint wahrscheinlich schönes Hühnerfleisch. Würde ich nehmen. Und dazu« – nun wieder zum Kellner gewandt – »und dazu eine Fanta. Habt ihr nicht? Dann vino rosso.«

Ziemlich belämmert zog der cameriere ab, doch nach stattgehabter Atzung waren die beiden Reisenden wieder ganz obenauf und schauten sich Santa Croce an.

»Komm mal hier rüber, so siehst du die Giottos am besten.«

»Ja, jetzt sehe ich sie auch.«

»Ganz schön schmissig, was?«

Der Toskana waren zwei weitere Tage gewidmet.

»O sole mio«, mit diesen Worten steuerte Gerhard die wackere Nuckelpinne weiter südwärts. Eines Tages wachten unsere Reisenden in Amalfi auf, und Gerhard plierte mißtrauisch durch die Jalousie. »Niente sole,« stellte er ärgerlich fest. Dazu kam, daß die Pinunzen langsam knapp wurden.

»Aber Rom war doch schön.«

»Da schien auch noch die Sonne.«

»Das stimmt.«

»Na, juckeln wir mal gemächlich die Küstenstraße runter. Die Sonne wird schon wieder scheinen.«

In der Tat, bald lugte sie wieder hinter den Wolken hervor, und schnell stieg das Stimmungsbarometer unserer beiden Italienfahrer wieder auf Markierung »Prima«.

Vor einer Kurve trat Gerhard plötzlich auf die Bremse und lenkte die Nuckelpinne auf einen Rastplatz. »Mal ein bißchen lucki, lucki machen«, erklärte er seiner besseren Hälfte und schaute die Steilküste runter. Mit einem italienischen Herrn, der dasselbe tat, kam er ins Gespräch.

»Das da unten nennen wir in Germania eine Haarnadelkurve.«

Doch der Italiener schien immerzu Bahnhof zu verstehen.

»Haarnadelkurve« erklärte Gerhard mit Nachdruck.

»Curva, si, si.«

»Niente curva. Haarnadelkurva!«

Der Italiener begriff immer noch nicht.

»Passen Sie auf. Curva – si?

»Si.«

»Bene. Und questa Kurva e una Haarnadelkurva. Capito?«

Der Italiener schüttelte den Kopf.

»Haarnadel – capisce Haarnadel?«

Nein, er begriff nichts.

»Haarnadel – come si dice? Hier, ecco –« Gerhard deutete auf seinen

Kopf. »Das sind Haare. Hair. Hier oben. Und nun ... le donne, Frau – capito? Le donne haben langes Haar ... questa cosa longa – und dafür Nadeln ... Haarnadeln – capisce. Nadeln per hier oben – claro?«

Der Italiener guckte immer noch wie nicht gescheit.

»Paß mal auf. Nadeln – ja? Si qualque cosa e kaputto, ja? Dann sie prende una Nadel per fare bene ...« Gerhard machte die Bewegung des Nähens, »Nadel – capito? Questa e una Nadel. Und una Nadel per hier oben e una Haarnadel und questa Kurva e una Haarnadelkurva. Con la forma di una Haarnadel – capito?«

»Gerhard laß doch, der begreift's nicht.«

»Ich glaub's beinahe auch. Na, macht nichts. Tschau!«

Wieder im Wagen konnte er sich jedoch längere Zeit nicht beruhigen.

»Er hätte es doch wirklich begreifen können, der Italiano!«

»Es ging vielleicht über seinen horizonto«, meinte Marie begütigend und brachte so den Göttergatten wieder zum Schmunzeln.

Trotzdem hätte die in Maries Worten enthaltene Mahnung Gerhard vorsichtiger werden lassen müssen, aber in Riccione stach ihn der Haber noch einmal. Und dabei hätte es beinahe Ärger gegeben.

»Mit Ihnen würde ich gerne ein Nümmerchen schieben«, bedeutete er einer Kellnerin, die verlegen die Achseln zuckte.

»Also Nummer ...«, versuchte Gerhard zu erklären.

»Numero?«

»Ja, bene, numera. Ich – ego – io – ja?«

Das schöne Kind nickte und bemühte sich augenscheinlich, hinter den Sinn von Gerhards Worten zu kommen.

»Io Nümmerchen – una piccola numera, io una piccola numera con te – capito?«

Das hörte Marie ja nicht so gern: »Gerhard, laß das doch!«

Doch Gerhard wollte nunmal keine Ruhe geben: »Guck lieber nach, was ›schieben‹ heißt.«

»Das kannst du dir selber raussuchen«, stieß Marie wütend hervor, schmiß Gerhard das Wörterbuch auf den Tisch und wollte gerade die beleidigte Leberwurst spielen, als Gerhard ihr durch ein Zwinkern bedeutete, daß er nur Spaß machte.

»Also wir piccola numera schieben, wir insieme – si?«

»Sieben?« fragte die Kellnerin und provozierte ungewollt eine nur mühsam unterdrückte Heiterkeit bei unseren Freunden.

»Nicht sieben. Sieben e sette. Schieben. Wir Nümmerchen schieben – ja?«

»Nümmerschen?«

»Una piccola numera solo – wir zwei Hübschen – capito?«

Aber die Brave begriff immer noch nicht, und schließlich ließ es Gerhard des grausamen Spiels genug sein. Die Kellnerin ging, und endlich konnte Marie ihrem angestauten Gelächter freien Lauf lassen.

Noch im Hotelzimmer wollte sie sich nicht beruhigen: »Nümmerschen sieben – also wie sie das gesagt hat!«

Doch auch die schönsten Ferien gehen einmal zuende. Unerbittlich flatterte Kalenderblatt auf Kalenderblatt zu Boden, bis es auf einmal Abschiednehmen hieß.

»Schön war's in Italia, doch schön ist auch Germania«, sang Gerhard über das Lenkrad der unverwüstlichen Nuckelpinne gebeugt, und Marie summte den Refrain versonnen mit.

»Es waren doch trotz allem ganz herrliche Tage, wie?«

»Ganz herrliche Tage.«

Und dann tauchten plötzlich zwei Schilder auf. »Bundesrepublik Deutschland« stand auf dem einen, »Freistaat Bayern« auf dem anderen.

»Man« war wieder zuhause: Gerhard, Marie und – nicht zu vergessen – die brave Nuckelpinne, die die ganzen drei Wochen wirklich ausgesprochen gut überstanden hatte.

»Buon giorno, Germania!« rief unser Italienfahrer übermütig aus.

Und war es mehr als nur ein Zufall, daß ihm das erste »Grüß Gott« seit drei Wochen – es war der Zöllner, der es aussprach – wie Musik in den Ohren klang?

■ Ödön von Horváth

Der Tod aus Tradition

Eine Legende aus den nördlichen Kalkalpen

In der Haupt- und Residenzstadt einer mitteleuropäischen Republik, die südwärts an harmlose Schlawiner, dagegen im Norden leider an umso gewalttätigere Piraten grenzt, lebte noch 1925 ein biederer aufrechter Mann, voll Gottesfurcht und Ahnenkult, namens Franz Xaver Loibl. Hausbesitzer, Familienvater und Ehrenmitglied des Männergesangvereins »Athen-Ost«, war er von Mutter Natur mit jener oft gerühmten behäbigen derben Heiterkeit begnadet und bis zum Abschluss der allzu großen Zeit zu allen barocken Späßen immer bereit gewesen, aber seit die Juden samt ihren Knechten vor einigen Jahren den Landesvater vertrieben und die Republik proklamiert hatten, hatte ihn niemand mehr lachen gesehen, höchstens lächeln, hämisch und sardonisch. Das Herz voll Bitternis und Bier, suchte er die Einsamkeit und fand sie an einem verödeten Stammtisch. Er kegelte nicht mehr, noch sang er oder spielte Tarock. Witterte überall Republikaner und hatte schwarzrotgoldene Angstträume.

So träumte er einst, er fahre von Salzburg gen Berchtesgaden. Ostern wars, noch roch es nach Schnee trotz der hellgrünen Matten. Und da er an den Königsee kam, stand er plötzlich unter tausend und abertausend Menschen, lauter Landsleuten in sonntäglichem Gewand.

Aber wie er sich so umsah, schienen sie ihm seltsam verändert, und wie er nochmals hinsah, bemerkte er bestürzt eine entsetzliche Wandlung: die Lederhosen reichten ihnen bis an die Knöchel, so waren sie zusammengeschrumpft, und alle hatten schwarzes geschneckeltes Haar, Locken an den Schläfen und Plattfuß. Und die Sennerinnen hießen Sara und Rebekka, Lea, Ruth und Sabinerl! Und dann hielt ein engbrüstiger Intellektueller eine Rede in peinlich nordischer Mundart (alles schrie begeistert »hoch!«) und er sagte, er sei schnurstracks von Tarnopol (»hoch!«) hierhergeeilt, um den weihevollen Akt der Umtaufe des Königsees in »See der Republik« zu vollziehen. Und wieder widerhallte brausend vieltausendstimmiges Hoch! von den Felsen ringsum, und wie unser Loibl auf den Kalender sah, da wars der erste Mai. Und die Ziffer war rot. Und Schabbes obendrein. Da schlug er mit dem Mute der Verzweiflung blindlings um sich und – erwachte.

Aufatmend konstatierte er, dass man doch noch nicht so weit sei und, dass er schwitze wie eine mannbare Sau. Besorgt saß Maria, die andere Hälfte seiner fünfundzwanzigjährigen Ehe und Mutter seiner Tochter Therese, in ihrem Bette und frug, was er denn nur schon wieder für Ungereimtheiten geträumt hätte, und ob er denke, jede Nacht so zu winseln und zu schnauben wie ein krankes Ross. Und legte ihm nahe, in Zukunft vor dem Einschlafen immer etwas zu lesen, irgendetwas, das einen entrückt oder entzückt, dann träume man auch davon. Sie, zum Beispiel, lese die Romane in den Neuesten Nachrichten, dann träume sie überhaupt nichts. Ja, er solle, nein! er müsse nun fortab lesen – man schwitze dann auch nicht gleich einer Tobsau, und seufze nicht wie ein Hirsch und belästige sein Weib, indem dass die Bettstatt kracht, wie ein Maschinengewehr, und man als gläubige Christin schon gleich zum Pfarrer rasen möchte, von wegen der letzten Ölung, indem dass man nie nichts wissen könne.

Unter der Wucht ihrer Rhetorik brach er zusammen. Erschlafft und zermürbt von seinen apokalyptischen Visionen, hatte er keine Kraft, ihre Beweisführung zu widerlegen. Seine rehhafte Scheu vor dem gedruckten Worte schwand, und noch am gleichen Vormittage betrat er tapfer eine Buchhandlung. Der Entschluss, die Schwelle eines solchen »Ausschanks« zu überschreiten, fiel ihm wahrlich nicht leicht. Drinnen, zwischen Goethe und Kant, dünkte ihm alles fremd, so irgendwie nicht bodenständig, fast ausländisch. Nur nicht lange diese Luft atmen, durchzuckte es ihn, und er äußerte hastig seinen Wunsch, ein Buch oder dergleichen über die gute alte Zeit kaufen zu wollen. Mit einem »Sittenbrevier aus ehernen Zeitaltern ungebeugten Germanentums«, gesammelt von einem, der es wissen muss, verließ er den Laden, um drei Mark ärmer – sechs Maß, rechnete er.

Die Nacht kam und mit mürrischem Misstrauen blätterte Loibl in seiner Bibliothek. Löschte dann das Licht aus, rülpste und schlief ein. Und sieh da! Er träumte von lauter Zinnsoldaten und Dekolletés à la Luise. Was er von den Zinnsoldaten träumte, kann nicht mitgeteilt werden, um nicht mit dem Gesetze gegen Verrat militärischer Geheimnisse in Konflikt zu geraten, und auch nicht was er von den Dekolletés träumte, um nicht gegen Schmutz und Schund zu sündigen

– kurzum: als er am Morgen erwachte, lächelte er wie ein gestillter Säugling, und fühlte sich durch frische Hoffnung gebläht. – –

Nach vierzehn Tagen hielt er auf Seite elf und kam zu Kapitel vier mit der seltsamen Überschrift: ius primae noctis. Infolge seiner radikalen Ablehnung aller Fremdwörter wollte er es kurzerhand überblättern, doch da sprang ihm der Untertitel in die Augen, der lautete: Das Recht auf die erste Nacht. Was wäre denn jetzo nur dieses? dachte er und las. Las und las. Zuerst, wie üblich, verstand er nicht, was er las, dann, als er es begriffen hatte, glaubte er, es seien lauter Druckfehler und fing wieder von vorne an, buchstabierte jedes Wort, bis er Absatz für Absatz auswendig hersagen konnte wie ein Suppenschüler seine Hausaufgabe. Längst schon schnarchte seine Zeltgenossin, doch ihn mied jede Müdigkeit. Ungewöhnlich rege sprangen durch sein Hirn Gedanken, Bilder, Akkorde, wie tolle Zirkuspferde. Und plötzlich schoss aus dem Chaos seiner Phantasien ein ungeheurer Plan, fuhr blitzartig durch sein ganzes Sein, dass er schier erzitterte: er bringt seinem Herrscher sein Kind dar, sein Fleisch sein Blut, die Theres! Der Landesvater, und nur er, trotz Republik und Erfüllungspolitik, hat das Recht auf die erste Nacht! Erst durch die Weihe des Gottbegnadeten wird der Mensch zum Mensch!

Oh, der Herr soll es fühlen, dass es noch Männer gibt in seinem Lande, Männer, die treu an der Tradition hängen, er soll es spüren, dass die Verehrung der Sitten der Vorfahren noch lange nicht zur hohlen Phrase geworden ist – er, Franz Xaver Loibl, wird es beweisen!

Und hoch klang das Lied vom treuen Mann, wie Trommelfeuer bei

Maßkrugklang! – doch am folgenden Morgen meinte seine Frau, was denn nicht noch. Und fernerhin meinte sie auch, es scheine ihr fast, dass er spinne, und außerdem sei dieser Plan eine Unkeuschheit und sicher nur bei den Norddeutschen so gewesen und niemals nicht bei uns. Und er sagte, er spinne gar nie nicht und sie sei auch schon solch eine verdorbene Neuerin, verweichlicht und ohne Schmalz, und sie solle doch sogleich nach einem bestimmten ehemaligen Künstlerviertel ziehen und Rhythmus tanzen. Und sie sagte, unter keinen Umständen tanzt sie nicht Rhythmus, und er aber sagte, sie werde schon sehen, wie sie Rhythmus tanzen werde, und rief: »Therese!«

Aber da schrie die Frau, sie rufe den Arzt, und er sagte: nur zu! Es sei ihm bereits bekannt, dass der verrückt sei, der treu an der großen Vergangenheit hänge. Und wieder rief er nach seinem Kinde.

Es kam. Und der es da erzeugte sprach: »Ich weiß, dass du ein braves Mädchen bist, und obwohl du an Starkbierfesten gar mannigfach in den Hintern gezwickt worden warst, bist du dennoch unberührt, eine Jungfrau, auf und nieder. So ziehe denn hin zum Landesvater und reiche ihm all dein Unerwecktes, auf dass er es wecken möge. So will es das Gesetz.« Und er wollte sein Kind segnen.

Doch es wehrte ab:

»Du irrst, oh Vater! Oh, du irrst!«

»Wieso nachher?«

»Indem, dass ich mein Herz in Heidelberg verloren hab.«

»Ha?!«

»In einer lauen Sommernacht.«

»Verloren?« zischte er wie der Held einer Pubertätstragödie. »Verloren?! Oh, über dich Fetzen! Kein anständiges Bürgermädchen verliert so etwas nicht!«

»Vater spintisieret wohl?« frug die Tochter ihre Mutter; jene nickte nur: und ob! Hierauf wandte sie sich wieder ihrem Vater zu und bat um Beantwortung folgender Fragen: ob er wohl ihre Entwicklungsjahre über geschlafen hätte, da er ihr solch unhygienischen Lebenswandel zutraue, und ob er außerdem nicht denke, dass der Landesvater denn doch schon etwas gebrechlich wäre, und ob er denn überhaupt nicht wüsste, dass es ja gar keinen Landesvater nicht mehr gäbe, und ob er also vielleicht den Landtagspräsidenten gemeint hätte – – – Aber Loibl würdigte sie keiner Antwort. Er lachte nur ab und zu grimmig wie ein dem Grabe entstiegener Hoftheaterschauspieler. –

Seit dieser Szene traute er keiner Seele mehr. Und er hub an, den Tag und die Sonne zu hassen. Er verfluchte das Licht als den Zerstörer seiner Sehnsucht.

Der Schlaf, immer schon einer seiner liebsten Beschäftigungen, wurde ihm zur Leidenschaft. Nach vierzehn Tagen schlief er bereits ab nachmittags.

Und so träumte er nun täglich sechzehn bis achtzehn Stunden lang von Hörigkeit und Gottesgericht, Ketzern am Scheiterhaufen, Hexenprozessen und Judenblut, und wenigstens die Finsternis gehörte der Vergangenheit.

Nach weiteren vierzehn Tagen schlief er bereits Tag und Nacht, und erwachte nur zur Brotzeit. Aber nach abermals zwei Wochen wachte er überhaupt nicht mehr auf.

Mit den Flügeln des Schlafes war er in eine Monarchie geflogen, in der alles so geblieben war wie am ersten Tag. Nun frohlockt er in jenen Gefilden, allwo alles Tradition ist. Die Tradition der Ewigkeit.

Derselbe Anrufer: »Wer?«

Ich: »Hacke.«

Anrufer: »Könnten S' mir bitt'schön den Doktor Leibtrost geben, Herr Hackl?«

Ich: »Aber er ist nicht hier!«

Anrufer: »Wann kommt er denn?«

Ich: »Niemals. Er kommt nie wieder. Er war noch nie hier. Er hatte nur die Telefonnummer, die ich jetzt habe.«

Anrufer: »Es is' wegen meiner Frau. Sie hat 'n Katarrh.« Frau hustet im Hintergrund.

Ich: »Rufen Sie einen Arzt an! Oder die Auskunft! Nicht mich.«

Anrufer (zischelt vom Telefonhörer weg zu seiner Frau):

»Des is' scho wieder der Depp. Der Hacker.«

Legt auf. Nach Sekunden neues Läuten.

Ich: »Hier spricht Hacke und noch mal Hacke.«

Anrufer (erregt): »Ja, was woin denn Sie scho wieder! I brauch' an Doktor Leibtrost! Mei' Frau is' krank.«

Ich: »Dann rufen Sie doch Doktor Leibtrost an und nicht mich.«

Anrufer: »Des tu i doch die ganze Zeit!«

Ich lege auf. Nach Sekunden läutet es erneut.

Ich: »Hier Praxis Doktor Leibtrost. Sie können nach dieser Nachricht ein kurzes Piepen hinterlassen und mich dann am Arsch lecken. Ich rufe niemals zurück.«

Paola: »Was ist denn mit dir los? Den ganzen Nachmittag telefonierst du, und jetzt machst du solche Späßchen. Ich denke, du arbeitest.«

Victor Auburtin

Das gute Ruhekissen

Wie nun der alte Doktor Dieterici so weit war, dass es langsam ans Sterben ging, da raffte er sich noch einmal auf aus seinem Lehnstuhl und kroch zum Bücherspinde hin. Dort standen dicht und bunt in Reihen die Bücher, die er liebgehabt hatte, und die Bücher, die er gebraucht hatte für die Täglichkeiten des Lebens. Weiße Bände in Schweinsleder; in Franzbänden die Schriften der Römer; alte mantuanische Schäferspiele, die er einmal gesammelt hatte; der Homer. Dazwischen Wörterbücher, zerlesene Reclamhefte, Baedekers von der Reisezeit. Ein ganzes Leben, wie man es so lebt, heute so, morgen so, ohne Ordnung. Der alte Doktor Dieterici sah sich diese Bücher noch einmal an in der Stille und seufzte. Dann rief er seine Wirtschafterin, die Marie, und wie sie gekommen war, nahm er ein Buch aus dem Spind und zeigte es ihr. Es war die Odyssee des griechischen Dichters Homer in einer einfachen Schulausgabe. Liebe Marie, sagte der alte Doktor Dieterici, wenn ich nun in drei Tagen gestorben sein werde, dann müssen Sie mir einen Dienst tun. Sie werden mir dieses Buch hier unter den Kopf legen und es mir so mit ins Grab geben. Ich glaube, dass ich die lange Nacht ruhig durchschlafen werde, wenn ich dieses Buch als Kopfkissen habe. Geben Sie mir die Hand darauf und vergessen Sie es nicht.

Die Wirtschafterin gab ihm die Hand darauf und weinte sehr. Und sagte, soweit sei es noch gar nicht und vom Sterben keine Rede. Der alte Rat Heydebringk, der unten im zweiten Stock, sei noch viel kränker gewesen und habe sich doch auch noch einmal herausgerappelt.

Drei Tage später starb der alte Doktor Dieterici wirklich. Und als er sauber auf sein Lager gebettet war, erinnerte sich die Wirtschafterin Marie an ihr Versprechen und ging, das Buch zu holen, ohne das ihr Herr nicht ruhig schlafen könnte. Aber sie vergriff sich und nahm nicht die Odyssee, sondern die danebenstehende zweite Auflage von Brauchitschs Ausgabe des Gewerbeunfallversicherungsgesetzes. Die holte sie hervor und steckte sie ihrem Herrn unter den Kopf als Ruhekissen.

Die Freunde kamen, um von dem Toten Abschied zu nehmen. Da sahen sie, dass sein Kopf auf einem Buche ruhte, und bückten sich, um zu sehen, was das für ein Buch sein möge. Und als sie sahen, dass es die zweite Auflage von Brauchitschs Gewerbeunfallversicherungsgesetz war, da erstaunten sie auf das äußerste und stellten die Wirtschafterin zur Rede wegen dieses Unfugs. Die aber wehrte sich heftig und rief, sie werde an das Buch nicht rühren lassen, und niemand dürfte es wegnehmen; denn ihr Herr habe es so gewollt, um ruhig schlafen zu können. Da wunderten sich die Freunde noch mehr und kamen überein, dass solche einsame Junggesellen die merkwürdigsten Einfälle und Gedanken haben könnten.

So wurde der alte Doktor Dieterici nicht mit der Odyssee begraben, auf der er ausruhen und von dem ewigen Meeressingen träumen wollte, sondern mit der zweiten Auflage von Brauchitschs Gewerbeunfallversicherungsgesetz.

Es ist aber anzunehmen, dass er auch so ganz ruhig und ohne irgendwelche Beschwerde seinen guten Schlaf gefunden hat.

Gerhard Polt

Der Kaiser Nero

Ja, muß das sein, hä? Braucht's das, hä? Braucht es das? Ein Saukerl! Ja, ich rede von meinem Sohn. Das muß man sich vorstellen, und jetzt noch vor Weihnachten. Kommt der Kerl daher und bringt mir im Fach Geschichte einen Fünfer. Einen Fünfer im Fach Geschichte, das ist der Hammer! Geschichte ist doch ein Fach, was einen interessiert, da habe ich keinen Fünfer – zu haben. Geschichte, das ist doch hochinteressant, ich sag, komm, bring ihn in Religion, scheißegal, aber doch nicht in Geschichte. Na, aber in Religion hat er einen Zweier. Das macht er mir zum Fleiß, na ja. Geschichte, ich weiß nicht, wie Sie darüber denken, aber Geschichte ist doch hochinteressant. Warum der einen Fünfer hat? Das kann ich Ihnen schon sagen, warum der einen Fünfer hat. Warum hat der einen Fünfer in Geschichte? Weil er den Kaiser Nero nicht gekannt hat. Nein, der geht auf ein bayerisches Gymnasium und kennt den Kaiser Nero nicht. Weil er ihn verwechselt hat mit diesem Schwarzenegger. Wo doch heute in ganz Europa ein jedes Kind weiß, daß der Kaiser Nero der Peter Ustinov ist. Es ist traurig. Geschichte ist doch ein Fach, ich weiß nicht, das war doch hochinteressant, was man da gelernt hat. Menschlich auch, gell? Wie man diese Jahrtausende und auch diese Antike, also, enorm. Dieser Ding zum Beispiel, dieser Hur, nicht. Wenn dieser Hur durch die Arena da mit Pferdegetrappel durchgepréscht ist, trumtrumtrum, nicht wahr, dann ist wieder einer runtergefallen, von den Pferden zerstampft worden, daß das Blut nur so gespritzt ist, daß man sogar im Kino: »Hä!« Aber das ist Geschichte, hochinteressant, hochinteressant! Oder wenn diese armen Schweine da, diese Sklaven, wenn man diese Sklaven verchristet hat, nicht wahr. Ja, die wurden verchristet und dann zu Fackeln verarbeitet. Das hat man gemacht, weil die Straßenbeleuchtung in Rom so miserabel war. Also nein, das ist traurig, das ist ekelhaft. Traurig, hähä, aber ich meine, hochinteressant. Vom geschichtlichen Standpunkt her hochinteressant. Schauen Sie, ich kann von mir reden, ich weiß nicht, wie es Ihnen geht, aber ich habe, das kann ich mit Fug und Recht sagen, ich habe die gesamte Französische Revolution, die habe ich noch auf Schwarzweiß gesehen. Ja sicher, die ganze Französische Revolution. Brrrrrrum, Trommelwirbel, brrrrrrum! Und dann: pftsch. Das war die Guillotine, der Vorläufer der Friteuse. Na ja, ich sage, wenn ich diese Nero-Filme nicht gesehen hätte, wüßte ich heute noch nicht, daß dieser Ustinov zum Beispiel Rom angezündet hat.

»Wenn du nicht sofort aufhörst, stellt dich Papa ins Internet! Ist das klar?«

Robert Gernhardt

Jedes Jahr im Herbst, da spielen wir es wieder, jenes schreckliche Spiel:

Mein Buch, dein Buch

Eigentlich habe ich nichts gegen das Schreiben. Einige der bedeutendsten Dichter haben – und ich wäre der letzte, der das leugnete – geschrieben. Shakespeare beispielsweise oder – warum nicht – Flaubert oder, natürlich, Goethe. Alles Männer, die ich schätze, verehre, ja liebe. Vor allem deswegen, weil mir keiner von ihnen jemals mit beiläufig bohrendem Blick zu verstehen gegeben hat: »Bist du eigentlich schon dazu gekommen, mein letztes Buch zu lesen?«

Wie anders in unseren Kreisen. Da schreibt nicht nur jeder, da erwartet auch jeder von uns, von jedem von uns gelesen zu werden. Um dieses Ziel zu erreichen, ist jedem jedes Mittel recht, und so stapeln sich jeden Herbst bei jedem von uns die handschriftlich dedizierten Neuerscheinungen der anderen – was tun? Sie lesen? Dann käme man ja nicht mehr zum Schreiben. Also läßt jeder von uns den Bücherstapel auf sich beruhen und beschränkt sich darauf, während der ersten Zusammentreffen – im Rahmen der Buchmesse etwa – dem anderen zu versichern, er, der Versichernde, könne noch nichts über dessen neues Buch sagen, freue sich jedoch schon jetzt darauf, gerade dieses Werk so bald wie möglich und vor allem in größtmöglicher Ruhe zu studieren – eine Versicherung, in die der andere meist verdächtig erleichtert miteinstimmt: Ja! Genau so verhalte es sich mit dem Buch seines Gegenübers, für dessen Übersendung er übrigens herzlich danke. »Ganz meinerseits – wir hören also voneinander!« – »Aber klar!«

Einen Monat lang höre und sehe ich nichts von ihm, ein zweiter Monat vergeht, ohne daß sich unsere Wege kreuzen, da, der dritte Monat ist kaum verflossen, sitzt er unübersehbar an einem fast leeren Tisch im »Cannelloni-Karl«. Flucht wäre zwecklos, Angriff ist die beste Verteidigung, furchtlos lasse ich mich ihm gegenüber auf den Stuhl fallen.

»Na?«

»Naja«, erwidert er. »Kalt heute, wie?«

Aha! Diese Schiene also! Na gut, reden wir über das Wetter. Hätte er mein Buch gelesen, müßte er zwar nicht zu derart fadenscheinigen Ersatzthemen Zuflucht suchen, aber was soll's.

Ich habe sein Buch schließlich auch nicht gelesen, also sind wir quitt. Keine Zweideutigkeiten, keine Peinlichkeiten, halten wir uns an meteorologische Eindeutigkeiten: »Ja, ziemlich kalt, und das mitten im Winter!«

»Tja ...«

Erstmals fällt mir seine niedrige Stirn auf. Bisher hatte ich sie immer als mutwillig vorgezogenen Haaransatz interpretiert, doch jetzt, im grellen Licht der Wirtshauslampen, ist kein Zweifel möglich – die Stirn ist einfach nicht höher. Und wie tief die Schweinsäuglein im wulstigen Schädel liegen. Sieht der überhaupt etwas? Kann der überhaupt erkennen, wer da vor ihm sitzt, der Autor von »Glück Glanz Ruhm« nämlich?

»Norbert ...«

Na ja – grobe Umrisse scheint er noch wahrnehmen zu können. Ich heiße Norbert, und er nennt mich Norbert. Also hat er eine Antwort verdient.

»Ja?«

»Ich habe übrigens dein Buch gelesen ...«

Ach – hat er das? Erstaunlich, wie er während dieser Worte seinen Haaransatz zurückweichen läßt. Warum muß er den aber auch immer so tief ins Gesicht furchen? Ein oberflächlicher Betrachter könnte aus dieser Marotte auf eine niedrige Stirn schließen, während sie doch –

»Ja. Und ich hatte bereits während der ersten Seiten ein gutes Gefühl ...«

Mißtrauisch mustere ich seine Züge. Doch in seinem offenen, ja strahlenden Gesicht ist kein Falsch.

»Ach ja?«

»Ja, durchaus. Ich halte es ehrlich gesagt für dein bestes.«

Es ist mein bestes, kein Zweifel. Nie habe ich inspirierter geschrieben, nie die Inspiration unnachsichtiger der Kontrolle rigorosesten Kunstverstands unterworfen. Das Ergebnis konnte nichts anderes als ein großer Wurf werden, doch es ist eine Sache, das selber zu wissen, und eine andere, es von einem hochgebildeten Leser, einem Kollegen der schreibenden Zunft gar, bestätigt zu bekommen. Wie hieß noch mal dessen letztes Buch?

»Deine früheren Bücher, Norbert, waren auch nicht schlecht ...«

Nein, das waren sie bei Gott nicht. Sie waren gut, sehr gut sogar, aber –

»... aber ich finde, du bist weitergekommen. Dein neues Buch ist – laß es mich so sagen – komplexer.«

Ich lasse ihn. Warum soll er das nicht sagen dürfen? Er ist schließlich ein freier Mann in einem freien Land, der von seinem Recht auf freie Meinungsäußerung Gebrauch macht. Von mir aus könnte er stundenlang so weiterreden, so frei, so sachlich, so kundig. Doch plötzlich schweigt er. Sein offener Blick begegnet dem meinen. Etwas Hilfloses glaube ich in ihm zu entdecken, etwas Hilfeheischendes fast. Fehlen ihm etwa die Worte? Erwartet er von mir, daß ich ihm bei der Suche helfe? Nun rede ich offengestanden nicht gern über meine Bücher, doch in diesem Fall mußte es wohl sein.

»Tja«, sage ich zögernd, »also, was das letzte Buch betrifft ...«

»Ja? Hast du es gelesen?«

Wie denn nicht? Ich habe es schließlich geschrieben. »Ja natürlich«, sage ich etwas verwirrt.

»Und?« fragt er, sich vorbeugend. »Wie fandest du es?«

O Gott, er meint sein Buch. Wie finde ich denn sein Buch? Ich weiß ja nicht einmal, wie es heißt.

»Nun ja«, beginne ich vorsichtig, »du hast zweifellos viel riskiert ...«

Ein guter Anfang. Daran hat er erst mal zu knabbern. Forschend, aus etwas verengten Augen schaut er mich an, während ich fieberhaft nach Anhaltspunkten suche. Arbeitete er nicht seit Jahren an einer Trilogie?

Waren nicht bereits zwei Bände erschienen? Ging es da nicht um den Nachtportier eines großen Frankfurter Hotels, der langsam durchdrehte? Und hatte nicht die Kritik an den ersten beiden Folgen vor allem gelobt, daß da endlich einmal Arbeitswelt thematisiert werde, Selbstentfremdung, Anonymität der Massengesellschaft, all der Scheiß? Wenn mir nur noch einfiele, wie die Hauptfigur heißt!

»Mein erster Eindruck war, da sitzt jeder Satz«, sage ich aufs Geratewohl. Er lehnt sich zurück, doch seine Augen bleiben prüfend auf mich gerichtet. Na gut. Er hat mein Buch gelesen, also habe ich auch sein Buch gelesen.

»Gegen Ende wird es sehr stark. Obwohl die Mitte fast noch eindringlicher ist. Und erst der Anfang!« rede ich weiter, da er immer noch kein Wort sagt. Erwartet er etwa Details?

»Fandest du nicht, daß die Ägypter etwas zu schlecht weggekommen sind?« fragt er fast ängstlich.

Die Ägypter? Welche Ägypter denn? Wahrscheinlich irgendwelche Hotelgäste.

»Nein, nein«, versichere ich. »Ich fand die Ägypter sehr genau getroffen. Keine Spur überzeichnet. Man sieht sie direkt vor sich.«

»Aber was ich über die Fellachen sage ...«

»Völlig nachvollziehbar. Ich meine ...«

Fellachen? Ägyptische Bauern im Frankfurter Nobelhotel? Gäste der Landwirtschaftsmesse? Oder Angehörige einer Bauchtanzgruppe? Auf jeden Fall ein Problem für einen nervenschwachen Nachtportier. Wie hieß der Typ denn noch mal?

»Ich meine ...«

Kernbeißer? Kernmeyer? Steinbrenner?

»Ich meine, da wäre jeder andere auch durchgedreht, nicht nur dieser, dieser ...«

»Durchgedreht? Wer denn?«

»Na dieser ...«

Wie komme denn ich dazu, ihm zu erzählen, wer in seinem Roman durchdreht? Wenn jemand das weiß, dann doch er, er hat ihn schließlich geschrieben.

»Na, du weißt schon ...«, sage ich tastend, »der ... der Dingens. Immer dieser Streß, und dann die Ägypter und diese ganzen anderen Fellachen, die mitten in der Nacht noch ... also das mit dem Bauchtanz, das mußte ja dann dem ... dem ...«

Wie klein seine Augen plötzlich wieder wirken. Fast finster. Warum komme ich denn nicht auf den Namen?! Staubbeutel? Strapshalter? Schwanthaler? Schwanthaler! Na endlich!

»Das mußte doch dem Schwanthaler den Rest geben. Sehr gut nachzuvollziehen. Ich meine, wer das nicht nachvollziehen kann, der sollte in Fragen anspruchsvoller Literatur in Zukunft bitteschön den Mund halten. Das Nachvollziehbarste, was du je geschrieben hast. Ehrlich!« Mein Gegenüber nippt geistesabwesend am Apfelwein.

»Findest du?« fragt er schließlich.

Habe ich irgendwas falsch gemacht? Egal. Jetzt muß ich da durch.

»Ja, finde ich. Du kennst mich ja – ich bin nicht der Typ, der jeden Text ohne weiteres nachzuvollziehen bereit ist. Doch die Art und Weise, wie du es den Scheichen gegeben hast – das mußte auch ich nachvollziehen, ob ich wollte oder nicht. Hundertprozentig.«

Bin ich zu weit gegangen? Nein, alles in Ordnung. Mein Gegenüber lächelt. Ein bösartiger Beobachter könnte es auch ein Grinsen nennen.

»Das bringt mich übrigens noch mal auf dein Buch«, sagt er.

Na endlich! Rede weiter, du redest gut!

»Bei deinem Text fiel es mir offengestanden schwer, die Personen nachzuvollziehen –«

Welche Personen denn? Mein Buch enthält ausschließlich Essays zur Kunst.

»Bis auf den Briefträger natürlich. Wie der den Hund ins Bein beißt, weil der sich weigert, die Empfangsbestätigung für den Einschreibebrief zu unterzeichnen, in welchem ihm mitgeteilt wird, er habe sich bei Ausbruch des Dritten Weltkriegs unverzüglich als Minensuchhund beim Kreiswehrersatzamt Köln-Kalk zu melden, andernfalls er mit seiner standrechtlichen Ersäufung im Lehrtrinkbecken des Alkoholikerheims ›Stramme Fahne‹ zu rechnen habe, und wie dann das Herrchen des Hundes, also du, sein Taschenmesser entsichert und sich mit dem Ruf ›Kirschwasser für Canitoga!‹ auf den entmenschten Briefträger stürzt, das ist derart nachvollziehbar, daß –«

Das war der Moment, an welchem auch ich mich auf mein affenartiges Gegenüber stürzen wollte und daran einzig durch den Umstand gehindert wurde, daß er viel größer und böser war als ich.

Anderntags angestellte Erkundungen ergaben übrigens, daß es sich

bei dem Buch meines Gesprächspartners allem Anschein nach um die Beschreibung einer Ägyptenreise handelte, welche er mit Unterstützung des Goethe-Instituts hatte unternehmen können.
Wieso dieses Institut, immerhin Träger eines nicht ganz unbekannten Namens, es gewagt hatte, einem uralten Kulturvolk wie den Ägyptern auf Kosten der kleinen Sparer einen derartigen Vertreter des angeblich geistigen Deutschlands vorzusetzen, dürfte wohl auch dem gutwillig mit der Materie Befaßten nur schwer nachvollziehbar sein.
Ich finde, jemand sollte mal etwas darüber schreiben.

Paul Scheerbart

Dynamit-Bonbons

An Se. Eminenz den Kardinal Marquis de Dehmel

Eminenz!

Wir leben im Zeitalter der Fabrikation. Diese Tatsache drückt alle anderen Interessen in den veritablen Hintergrund. Ich habe Dynamit-Bonbons fabriziert. Wer ein Stück davon runterschluckt, wirds schon gewahr werden. Nach 4 ¹/₂ Minuten fliegt die obere Hälfte des Schluckerrumpfes mitsamt den Armen in 1000 Fetzen und allen Windrichtungen. Der Kopf des armen Schluckers fällt aber mit der Nase in die Eingeweide seines Bauches. Eine geradezu humoristische Todesart. Das wäre der Lustmord an sich – oder die Nase im Gedärm – oder das Gehirn im Unterleibe. Beim Kopffall befindet sich die Nase immer unten, das bewirkt die Bonbon-Konstruktion. Wünschen Eminenz besagte Bonbons in Freundeskreisen zu verwerten? Lacherfolg bei Gala-Diners kolossal! Es lebe der Bauchwitz! Hipp! Hopp!

Ich bin Euer wohlaffektionierter Bonbon-Fabrikant

Saki

Der gemästete Ochse

Theophil Eshley war Kunstmaler von Beruf und Kuhmaler kraft der Umstände. Nicht daß er auf einer Rinderfarm oder einem Milchhof lebte, in einer von Horn und Huf, Melkschemel und Brandeisen geprägten Atmosphäre: er wohnte in einem parkähnlichen Viertel mit verstreuten Villen, das dem Anwurf, eine Vorortsiedlung zu sein, noch knapp entging. Auf einer Seite grenzte sein Garten an eine kleine, malerische Weide, auf der ein betriebsamer Nachbar einige kleinwüchsige malerische Kühe von kanalinsulanischem Geblüt grasen ließ. Im Sommer standen die Kühe zur Mittagszeit im kniehohen Wiesengras im Schatten einer Gruppe von Walnußbäumchen, und das Sonnenlicht warf scheckige Flecken auf ihr mausglattes Fell. Eshley hatte ein anmutiges Tableau skizziert und auf die Leinwand gebannt, das zwei im Wiesengras unter Walnußbäumen ruhende Milchkühe im gefilterten Sonnenlicht zeigte, und die Royal Academy hatte diesem Bild einen gebührenden Platz an den Wänden ihrer Sommerausstellung eingeräumt. Die Royal Academy bestärkt ihre Zöglinge in ordentlichen, methodischen Gewohnheiten. Eshley hatte ein ansprechendes, erfolgreiches Bild malerisch unter Walnußbäumen vor sich hindösenden Viehs gemalt, und so machte er folgerichtig weiter, wie er begonnen hatte. Seinem ›Mittagsfrieden‹, einer Studie zweier graubrauner Kühe unter einem Walnußbaum, folgte ›Mittägliche Rast‹, eine Studie eines

Walnußbaums mit zwei graubraunen Kühen darunter. In gebührendem Abstand folgten ›Wo die Viehbremsen nicht zu stören wagen‹, ›Wo die Herde Zuflucht sucht‹ und ›Ein Viehsommertraum‹, Studien von Walnußbäumen und graubraunen Kühen. Seine beiden Versuche, aus der eigenen Tradition auszubrechen, erwiesen sich als eklatante Mißerfolge: ›Turteltauben, durch einen Sperber beunruhigt‹ und ›Wölfe in der Römischen Campagna‹ wurden ihm als verabscheuungswürdige Ketzereien in sein Atelier zurückgeschickt, und erst mit ›Wo Milchvieh wohlbeschattet wiederkäut‹ gewann Eshley das Wohlwollen und die Anerkennung der Öffentlichkeit zurück.

An einem schönen Nachmittag im Spätherbst vollendete er gerade eine Studie von Wiesenkräutern mit einigen letzten Pinselstrichen, als seine Nachbarin, Adela Pingsford, unter lautem, gebieterischem Pochen die Außentür seines Ateliers berannte.

»In meinem Garten ist ein Ochse«, verkündete sie zur Erläuterung der stürmischen Störung.

»Ein Ochse«, wiederholte Eshley verständnislos und ziemlich töricht, »was für ein Ochse?«

»Och, was für ein Ochse, weiß ich nicht«, giftete die Dame. »Ein gemeiner oder auch Gartenochse wahrscheinlich, um die volkstümliche Bezeichnung zu verwenden. Und der Gartenaspekt ist das, was mir an ihm mißfällt. Mein Garten ist eben erst für den Winter zurechtgemacht worden, und ein darin herumstreunender Ochse ist nicht gerade förderlich. Außerdem fangen die Chrysanthemen an zu blühen.«

»Wie ist er denn in den Garten gekommen?« fragte Eshley.

»Ich nehme an, durch das Tor«, sagte die Dame ungeduldig; »die Mauer kann er nicht hochgeklettert sein, und ich glaube auch nicht, daß ihn ein Flugzeug abgeworfen hat als Reklame für Bovril-Fleischextrakt. Die drängende Frage ist nicht, wie er hereingekommen ist, sondern wie man ihn hinausbekommt.«

»Will er denn nicht gehen?« fragte Eshley.

»Wenn er unbedingt gehen wollte«, sagte Adela Pingsford recht ungehalten, »dann wäre ich nicht hergekommen, um mit Ihnen darüber zu plaudern. Ich bin so gut wie allein; das Hausmädchen hat seinen freien Nachmittag, und die Köchin liegt mit einer Neuralgie zu Bett. Alles, was ich in der Schule oder im Leben danach über das Vertreiben großer Ochsen aus kleinen Gärten gelernt haben mag, muß mir wohl im Moment irgendwie entfallen sein. Das einzige, was mir in den Sinn kam, war die Tatsache, daß Sie mein nächster Nachbar und ein Rindviehmaler sind, der sich vermutlich mit den Sujets, die er malt, mehr oder weniger auskennt und mir vielleicht ein ganz klein wenig behilflich sein könnte. Mag sein, daß ich mich geirrt habe.«

»Ich male zwar Milchkühe«, räumte Eshley ein, »aber ich kann keinerlei Erfahrungen mit dem Einfangen streunender Ochsen für mich beanspruchen. Ich habe dergleichen natürlich schon einmal als Kinofilm gesehen, aber da waren immer Pferde dabei und eine Menge Gerätschaften; außerdem weiß man nie, wieviel bei solchen Aufnahmen gemogelt ist.«

Adela Pingsford sagte nichts und schritt den Weg zu ihrem Garten voran. Es war normalerweise ein Garten von passabler Größe, der sich aber winzig ausnahm im Vergleich zu dem Ochsen, einem riesigen gefleckten Vieh mit rostroter Kopf- und Schulterpartie, die zu den Flanken und Hinterbeinen hin in ein schmutziges Weiß überging, mit zottigen Ohren und großen, blutunterlaufenen Augen. Mit den zierlichen Koppelfärsen, die Eshley zu malen pflegte, hatte er ungefähr so viel Ähnlichkeit wie der Anführer eines kurdischen Nomadenstammes mit einem japanischen Teestubenmädchen. Eshley blieb sehr nahe am Tor stehen und studierte die Erscheinung und das Verhalten des Tieres. Adela Pingsford schwieg nach wie vor.

»Er frißt eine Chrysantheme«, sagte Eshley schließlich, als die Stille unerträglich geworden war.

»Wie scharf Sie beobachten«, sagte Adela bitter. »Ihnen scheint rein gar nichts zu entgehen. Genau genommen hat er zur Zeit sechs Chrysanthemen im Maul.«

Die Notwendigkeit, etwas zu unternehmen, wuchs zusehends. Eshley machte einen oder zwei Schritte auf das Tier zu, klatschte in die Hände und gab Geräusche wie »Buh!« und »Kschh!« von sich. Sofern der Ochse sie vernahm, ließ er es sich jedenfalls nicht anmerken.

»Sollten sich je ein paar Hühner in meinem Garten verirren«, sagte Adela, »werde ich gewiß nach Ihnen rufen lassen, um sie zu vertreiben. Ihr ›Kschh!‹ ist über die Maßen gekonnt. Wenn Sie in der Zwischenzeit vielleicht die Güte haben wollten, diesen Ochsen fortzujagen? Das ist eine *Mademoiselle Louise Bichot*, die er gerade verkostet«, fügte sie mit eisiger Gelassenheit hinzu, als eine hellorange leuchtende Blüte in dem riesigen malmenden Maul verschwand.

»Da Sie so freimütig über die Art der Chrysanthemen Auskunft geben«, sagte Eshley, »will ich Ihnen auch gern verraten, daß es sich um einen Ayrshire-Ochsen handelt.«

Die eisige Kälte schmolz dahin; Adela Pingsford gebrauchte Ausdrücke, die den Künstler instinktiv dem Ochsen einige Schritte näherrücken ließen. Er hob eine Bohnenstange auf und schleuderte sie mit einiger Entschlossenheit gegen die scheckige Flanke des Tieres. Die Verarbeitung einer *Mademoiselle Louise Bichot* zu Blütensalat wurde für einen langen Augenblick unterbrochen, während der Ochse den Stöckchenwerfer mit konzentrierter Neugier musterte. Adela schaute ebenso konzentriert, aber deutlich feindseliger auf denselben Blickpunkt. Da das Tier weder den Kopf senkte noch mit den Hufen stampfte, unternahm Eshley eine weitere Speerwurfübung mit einer zweiten Bohnenstange. Der Ochse schien sogleich zu begreifen, daß er zu gehen habe; hastig schnappte er noch ein letztes Mal nach dem Beet, wo sich die Chrysanthemen befunden hatten, und stapfte zügig den Gartenweg hinauf. Eshley rannte hinterher, um ihn zum Tor zu treiben, bewirkte aber nur, daß das Tier seine Gangart zu einem schwerfälligen Traben steigerte. Mit fragender Miene, aber ohne merkliches Zögern überquerte es den winzigen Rasenstreifen, den Zuvorkommende den Krocketrasen nannten, und bahnte sich den Weg durch die geöffnete Terrassentür in das Damenzimmer. Vasen mit Chrysanthemen und anderem Herbstgewächs schmückten den Raum, und der Ochse nahm seine Weidetätigkeit wieder auf; gleichwohl glaubte Eshley, etwas Gehetztes in seinem Blick auszumachen, einem Blick, der Ehrfurcht gebot. Er gab den Versuch auf, dem Tier bei der Wahl seiner Umgebung dreinzureden.

»Mr. Eshley«, sagte Adela mit bebender Stimme, »ich hatte Sie gebeten, dieses Biest aus meinem Garten zu verjagen, nicht aber, es in mein Haus zu treiben. Wenn es schon auf meinem Grund und Boden weilen muß, dann lieber noch im Garten als im Damenzimmer.«

»Viehtreiben ist nicht meine Stärke«, sagte Eshley; »darauf habe ich, wenn ich mich recht erinnere, gleich zu Anfang hingewiesen.«

»Ich bin ganz Ihrer Meinung«, erwiderte die Dame, »niedliche Bilder von niedlichen kleinen Kühen malen, das entspricht Ihren Fähigkeiten. Vielleicht möchten Sie gern eine nette Skizze davon anfertigen, wie dieser Ochse es sich in meinem Damenzimmer gemütlich macht?«

Diesmal schien seine Hutschnur erreicht: Eshley wandte sich um und ging.

»Wo laufen Sie hin?« schrie Adela.

»Utensilien holen«, war die Antwort.

»Utensilien? Ich dulde nicht, daß Sie mit einem Lasso um sich werfen. Das Zimmer ist ruiniert, wenn es zu einem Kampf kommt.«

Aber der Künstler marschierte zum Garten hinaus. Wenige Minuten später kehrte er zurück, beladen mit Staffelei, Schemel und Malmaterial.

»Soll das heißen, daß Sie sich hier seelenruhig niederlassen und dieses Vieh da porträtieren wollen, während es mein Damenzimmer verwüstet?« stieß Adela hervor.

»Es war Ihr Vorschlag«, sagte Eshley und rückte die Leinwand zurecht.
»Ich verbitte mir das; ich verbitte mir das aufs schärfste!« tobte Adela.
»Ich wüßte nicht, was Ihnen das Recht dazu gibt«, sagte der Künstler; »Sie werden schwerlich geltend machen können, es sei Ihr Ochse – selbst wenn Sie ihn adoptieren.«
»Sie scheinen zu vergessen, daß er in meinem Damenzimmer steht und meine Blumen frißt«, war die wütende Antwort.
»Und Sie scheinen zu vergessen, daß die Köchin eine Neuralgie hat«, sagte Eshley, »vielleicht sinkt sie gerade jetzt in gnädigen Schlummer, und Ihr Gezeter weckt sie wieder auf. Rücksicht auf andere sollte das Leitmotiv für Leute unseres Lebenszuschnitts sein.«
»Der Mann ist von Sinnen!« rief Adela dramatisch aus. Einen Augenblick später schien sie selbst den Verstand zu verlieren. Der Ochse hatte die Schnittblumen und den Einband von ›Israel Kalisch‹ verspeist und gedachte offenbar, seine recht beengte Behausung zu verlassen. Eshley bemerkte seine Unruhe und warf ihm prompt einige Büschel wilden Weins hin als Anreiz für eine Verlängerung der Sitzung.
»Ich habe vergessen, wie der Spruch lautet«, bemerkte er, »irgend etwas wie ›besser ein Gericht Kraut als ein gemästeter Ochse mit Haß‹. Hier scheinen ja alle Zutaten dafür beisammen zu sein.«
»Ich gehe in die Ortsbücherei und lasse von dort aus die Polizei rufen«, kündigte Adela an und verschwand wutschnaubend.
Einige Minuten später schritt der Ochse, dem wahrscheinlich dämmerte, daß Ölkuchen und gehackte Runkelrüben in irgendeinem ihm

zugedachten Stall seiner harrten, mit großer Umsicht aus dem Damenzimmer, betrachtete mit nachdenklichem Interesse den nun nicht mehr aufdringlichen und mit Bohnenstangen werfenden Menschen und schwankte dann schwerfällig, aber zielstrebig zum Garten hinaus. Eshley packte seine Utensilien zusammen, folgte dem Beispiel des Tieres, und *Haus Lerchenschlag* blieb der Köchin und ihrer Neuralgie überlassen.

Diese Episode war der Wendepunkt in Eshleys künstlerischer Karriere. Sein bemerkenswertes Bild ›Ochse im Damenzimmer, Spätherbst‹ war eine der Sensationen und einer der großen Erfolge des nächsten Pariser Salons, und als es anschließend in München gezeigt wurde, erwarb die Bayerische Staatsregierung es gegen die heftige Konkurrenz dreier beherzt mitbietender Fleischextraktfirmen. Von jenem Augenblick an war Eshleys Erfolg dauerhaft gesichert, und die Royal Academy schätzte sich zwei Jahre später glücklich, einen bevorzugten Platz ihrer Ausstellung für sein großes Gemälde ›Berberaffen verheeren ein Boudoir‹ reservieren zu dürfen.

Eshley schenkte Adela Pingsford eine neue Ausgabe von ›Israel Kalisch‹ und ein Bukett wunderschön blühender *Madame André Blasset*, aber etwas, das einer wirklichen Aussöhnung gleichkäme, hat zwischen ihnen nicht stattgefunden.

Fanny Müller

Im Kino kann man was erleben

Vier Damen wollen ins Kino? – Nichts einfacher als das. Karten werden besorgt, der Film gekuckt, man geht noch ein Glas Bier trinken und dann ab nach Hause. Ganz falsch.

Es fängt schon damit an, daß eine endlose Telefoniererei losgeht. Eins möchte was Lustiges sehen, Zwei hat lange keinen Problemfilm gekuckt, Vier hat selber genug Probleme, Drei will keinen Liebesfilm, weil ihr Kerl gerade abgehauen ist.

Und in welches Kino soll man gehen? Eins und Drei möchten ins Abaton, weil sie direkt daneben wohnen, Vier will ins Zeise, weil sie direkt daneben wohnt, und Zwei ist alles egal, weil sie bei ihrer Mutter wohnt, seitdem es über ihr gebrannt hat.

Dann die Zeiten. Zwei und Drei wollen in die frühe Vorstellung, weil sie normal schon um neun mit einer Wärmflasche im Bett liegen, die anderen beiden wollen spät gehen, weil sie ihrer Beziehung noch das Abendbrot richten müssen. Das Dilemma wird dadurch gelöst, daß eine der Beziehungen Freikarten besorgt hat.

Eins und Drei, die die Karten abholen sollten, stehen natürlich nicht, wie verabredet, am Eingang, sondern hängen am Kiosk und trinken vorsichtshalber schon mal ein Bier. Es soll sich um einen Film mit Überlänge handeln. Vier kauft Popcorn (die andern: »Igitt!«), Zwei kauft Eiskonfekt (die andern: »Igitt«), Eins hat sich Butterbrote mitgebracht (die andern: »Igittigitt«). Drei kauft ein Bier (die andern: »Laß mich auch mal«).

Dann sollen die Plätze eingenommen werden. Zwei und Drei möchten hinten sitzen, weil sie ihre Brillen nicht vergessen haben, Eins und Vier möchten vorne sitzen, weil sie ihre Brillen verlegt haben. Man sitzt in der Mitte, nachdem der Vorschlag der Brillenlosen, die anderen beiden könnten doch je nach Bedarf den Fortgang der Handlung erklären, abgeschmettert wurde.

Nun geht die Werbung los. Man rückt sich gemütlich zum Raten zurecht. Eine Schönheit hüpft auf eine Yacht. »Damenbinden!« brüllt Drei. Drei ist dafür bekannt, daß sie gleich die Stimmung verdirbt. »Trockenfutter«, flüstert Eins. Eins ist dafür bekannt, daß ihr alles gleich peinlich ist. Jetzt fällt Drei ein dringenderes Problem ein: Was ist, wenn ihr Verflossener mit seiner Neuen im Kino auftauchen sollte? Die Beratung nimmt den Rest der Werbezeit in Anspruch und wird von den umliegenden Reihen mit Interesse verfolgt. Man einigt sich auf den spontanen Ausruf: »Da kommt das Arschloch mit der Schlampe!« Weitere Vorschläge aus dem Publikum werden wegen Vulgarität und/oder Frauenfeindlichkeit verworfen.

Nun beginnt der Film. Es ist ein chinesischer Film, und – typisch chinesisch – gleich von Anfang an stört ein eigenartiger Dauerton das verwöhnte mitteleuropäische Ohr. Vier findet, daß das Quälende dieses Geräuschs auf subtile Weise die innere Zerrissenheit der Protagonisten rüberbringt. Nach zehn Minuten stellt sich heraus, daß es die Alarmanlage des Kinos ist, die nur von der Feuerwehr ausgeschaltet werden kann. Alle Besucherinnen werden ins Foyer gescheucht. Es herrscht eine angenehme Panikstimmung. Anlaß genug für unsere Damen, vier Biere am Kiosk zu bestellen, um die angegriffenen Nerven zu beruhigen. Die Feuerwehr trifft mit zwei Löschzügen ein. Es tut sich nichts. Es brennt auch gar nicht. »Hab gleich gewußt, daß das 'n Scheißfilm is«, sagt Drei, »lass uns inne Kneipe.«

Die Kneipe liegt gegenüber, ist eine In-Kneipe und hat auch richtig eine handgeschriebene Karte, die allerdings einige Fragen aufwirft. Vier arbeitet in einer Apotheke und behauptet, daß sie jede Schrift entziffern kann. Sie leiht sich eine Brille und liest vor: »Als Dessert gibt es Zitronen-Phimose.« Heutzutage wird aber auch alles recycelt. Die Bedienung wird herbeizitiert: »Wir möchten den Nachtisch. Aber nicht essen. Bloß kucken.«

Eins schämt sich so, daß sie beinahe Stücke aus dem Holztisch herausbeißt. Aber nach etlichen Runden sind doch alle vier Damen der Meinung, daß es sich um eine gelungene Veranstaltung gehandelt habe, die geradezu nach Wiederholung schreie.

Angeblich fiel Paris die Entscheidung, welche Göttin denn die Schönste sei, außerordentlich schwer.

Ulrich Holbein

Oft naschte ich von der »Bonbontüte der Transzendenz«

Eine Zeitlang hatte ich als Frau Metzger herumzulaufen, mit brettharter Dauerwelle, als eine überzeugte Zeugin Jehovas. Nach meinem Ableben kam ich in einer Empfangshalle an, ging bescheiden kopfschüttelnd durch Rezeption und Foyer, alles wunderschön kunststoffbeschichtet, tiptopgepflegt, Jubelchöre im Design einer Readers-Digest-USA blitzten dreidimensional, weißer als Blendax, und auf Gottes Namensschildchen stand nicht etwa »Allah«, oder »Toyota«, oder »Gott«, sondern eindeutig: »Jehova«. Welch Volltreffer! Folglich hatte ich bei Lebzeiten, als ich die ständig bei mir anrückende Sekte ganz umsonst zum Buddhismus zu bekehren versuchte, sie ganz vergebens mit gleichzeitig anrückenden Haftpflichtvertretern konfrontiert, und war ihr umsonst im Garten nackt entgegengetreten. Jetzt hatten sie triumphale Gesichter auf und konnten sich kaum Sätze verkneifen wie: »Haben wir's Ihnen nicht gleich erzählt?«
Wenig später hieß ich Swami Franzl, wohnhaft in Graz, fand früh zum Buddhismus, starb dann halt leider verfrüht an Hodenkrebs, was mir als Buddhist angenehm wenig ausmachte, zumal ich prompt in einem Nirwana ankam, das sich genauso anfühlte, wie ich mir das vorher, wenn ich mein Mantra summte und meinen Gong behutsam

schlug, bereits wortwörtlich vorgestellt hatte, so richtig schön friedlich. Spontan rief ich aus: »Das gibt's doch nich!« Das gab's nun aber doch – speziell für mich als tiefgläubigen Buddhisten!

Muslims landeten zielgenau bei Allah, Oma Tillchen beim lieben Herrgott, der halt sehr nach Weihnachtsmann aussah, was dann aber auch nicht weiter schadete.

Pantheisten gingen ein nicht etwa in aktuelle Biomasse, sondern in »Die Natur«, also in französische Gärten des 18. Jahrhunderts, sehr dekorativ beleuchtet, wirklich empfehlenswert.

I. Q.-geplagte Sinnsucher und Sinnhuber hingegen, die ein transzendentalisch evozierbares Sinnsystem präferierten, verloren sich im Begriffs- und Formelkram irgendwelcher Übersichtstafeln und Termini.

Agnostiker trafen beim »Unerkennbaren« ein, einer gleichfalls wenig tröstlichen Zwischenzone, mausgraues undefiniertes Wischiwaschi.

Am fiesesten sah die Ankunft für Hardliner-Materialisten aus, z. B. Heinz-Otto Holbein. Er und Milliarden andere tropften ohne Fußnoten und Obertöne als Leichensickersaft ins Grundwasser – pfui bäh! In der Bonbontüte der Transzendenz, bunt wie Gummibär und Haribo, gab's für jeden etwas, und exakt das jeweils Geglaubte.

Einzig ich, während meiner Ulrich-Holbein-Phase, kam nirgendwo an, nicht mal im Blackout der Nihilisten, die ich sowieso immer schon arg unsympathisch fand. Denn ich glaubte nicht, daß sich Auferstehung dadurch erzwingen ließ, daß ich intensiv dran glaubte. Obwohl da Gott sicher mit sich handeln gelassen hätte, wenn Er bei vollen Sinnen mit sich handeln ließe. Ich glaubte nicht an »Jedem Tierchen sein Pläsierchen«, eher ans Umgekehrte: Nicht nur im Leben kam stets alles anders, als ich mir das vorher so dachte, sondern auch außerhalb. Ein Prosit auf das Unerwartete! Oma Tillchen starb, bestärkt von Pfarrer Hansfried Mengele, in der Gewißheit: »Mich wird's hinterher trotzdem noch geben ...« Dann aber blies ihr keine Auferstehungsposaune. Verstorbene Reste sickerten hinweg. Null Seelenspur stieg empor und hinan. Keiner war mehr da, der aufwachte und sich lebenslang getäuscht haben könnte. Wie wehgetan hätte Oma Tillchen dies, wenn sie das noch erlebt hätte, daß sie von vorbeischwebenden Atheisten gefoppt wurde: »Ätsch, ich denk, Sie wollten auferstehn?«

Und Frau Metzger entzifferte im Elysium ein irritierendes Namensschildchen: »Zeus«.

Thomas von Aquin, Augustinus, Hildegard von Bingen, Anton Bruckner, Doktor Martinus Luther konnten kaum damit leben, daß sie ihre güldenen Paläste und Fundamente allesamt auf schwarzen Sand gebaut hatten. Schwer hatten sie daran zu schlucken, daß sie diese grausame Wahrheit nie erfahren würden, nie. Eins weiter standen, zum Ausgleich, alle Gottesmörder, von Buddha, Thales, Voltaire, Kant, Feuerbach bis Nietzsche, plötzlich vor einem ungeglaubten, atavistischen Gott, gemalt von Michelangelo, und mußten Rechenschaft ablegen, und sich die Frisuren raufen, daß letzten Endes jetzt doch nicht sie recht behielten, mit all ihrer Denkkraft, sondern der dumpfe Pfarrer Hansfried Mengele! Ausgerechnet der! Jetzt hieß es umdenken. Muslims hatten sich im Nirwana zurechtzufinden, und Katholiken, die zu Lebzeiten nicht an Seelenwanderung glauben wollten, inkarnierten nun als Agnostiker. Glaubt's oder nicht – daran glaub ich! Amen. Schon meiner Glaubensfreiheit zuliebe!

Harry Rowohlt

Dor'mund

Ich habe meinen Freund Heiner zu Grabe getragen. Das war sehr lustig. Zuerst sang ein Fräulein hinten in der Kapelle zum Klavier etwas Englischgemeintes. Man soll in Kapellen nicht hinten singen. Das kann die Akustik nicht ab, und der Trauernde versteht schier, was er will. Ich verstand: »Noch zwei solcher Gruftmucken, und die Miete ist gelutscht.« Dann sagte ein Redner, auf die Urne deutend, dies sei nur der schäbige Rest, den wir da vergrüben; der wahre Heiner lebe in unseren Herzen weiter. Dann wurde vom Band Reinhard Mey eingespielt, *Gute Nacht, Freunde,* die heimliche Hymne der RAF, ich alter Schnulzenfuzzi weinte ein bisschen, und plötzlich wurde mir klar, dass ich Heiner immer viel lieber gemocht hatte, als ich wusste. Er hat mich nämlich immer verkloppt, als ich acht war und er zwölfeinhalb, da hatte ich keine Chance, bis bei mir etwas aussetzte und ich zurückschlug, und zwar so gründlich, dass ich ihn anschließend noch fachgerecht unter die Füße nahm. Seitdem war er bis zu seinem viel zu frühen Tode immer ausgesprochen nett zu mir, und ich konnte mich mit einem beschädigten Weltbild herumschlagen: AUFS MAUL IST DAS BESTE ARGUMENT. Dann ging es einmal quer über den Friedhof zur Grabstelle, der Redner stopfte die Urne ins Loch, sagte, dies sei nur der schäbige Rest, der wahre Heiner lebe in unseren Herzen weiter, und dann kam meine Lieblingsstelle: »Wer vorhin meine Rede verstanden hat, weiß, was ich meine.« Dann gab es Kartoffelsuppe und Lachsbrötchen und Butterkuchen, und am Butterkuchen merkte man plötzlich, dass es eine Beerdigung gewesen war, so sehr lebte Heiner in unseren Herzen weiter, da hatte der Redner ganz recht gehabt.

Dies war in Düsseldorf gewesen, damit Sie mich richtig wohindenken können. Von Düsseldorf geht es über Dor'mund nach Hause. Bei der korrekten Aussprache von Dortmund lässt man das t in der Mitte weg und plinkert zur Entschädigung einmal kurz mit den Augen. Danach blickt man wie frisch aus dem Ei gekrochen in die Runde: »Dor'mund.« Geht doch. In Dor'mund hatte ich ganz lange Aufenthalt, und ich überlegte, ob ich gegenüber in der Bahnhofsmission meine Aufwartung machen soll, weil ich für diese vor vielen Jahren aus Güte eine Benefizlesung im Missionszelt vor dem Hauptbahnhof abgehalten habe. Aber bis die kapiert hätten, dass sie mich nicht in die stabile Seitenlage bringen und warm zudecken sollen, wäre mein Zug schon wieder weg gewesen. Deshalb ging ich stattdessen in die Wirtschaft »Zur Dampflok«, wo ich vor jener Lesung auf einen Milchkaffee eingekehrt war. Den Zigarettenautomaten hatte eine Abbildung der Golden Gate Bridge geschmückt, den Pulli der Zapfkraft leicht verzerrt ebenfalls. Ich hatte mit meinem bekannten lyrisch timbrierten Kavaliersbariton gesagt, die Golden Gate Bridge auf ihrem Pulli gefalle mir weit besser als die auf dem Zigarettenautomaten, und sie hatte gesagt: »Du bist wohl Nichtraucher. Wenn meine Ablösung kommt, gehe ich in deine Lesung. Sonst musst du sehen, wie du ohne mich klarkommst.« Der Zigarettenautomat mit der Golden Gate Bridge stand noch da; sonst erinnerte nichts an die einstige Pracht. Da wandelte ich weiter auf den Spuren einer späteren Dor'munder Lesung, vorbei am Hotel Königshof, welches das einzige Hotel außerhalb Las Vegas sein dürfte, welches unten kein eigenes Hotelrestaurant, sondern eine eigene Daddelhalle hat, vorbei an der »Schauburg«, wo einst meine Lesung gewesen war. Die »Schauburg«-Kinos sind ein Nebenprodukt der Arbeiterbildungsvereine, und die Hamburger »Schauburg«-Kinos hatten den eingängigen Slogan (der nur mündlich wirkt): »Loide, seid vernünftich, und lasst doch mal die Frau durch. / Sie will doch nur mal ebent ganz schnell noch in die Schauburch.« Weiter ging's, vorbei an einer schönen Kneipe namens »Zum Schlips« und einer weiteren schönen Kneipe namens »Hirsch-Q« (Untertitel: »Asozial aus Tradition«), vor der ein vergnügter Penner stand und zu mir sagte: »Meine Mutter sagt immer zu mir: Pass bloß auf, datte nich wiers wie der Harry hömma.« Ich sagte: »Meine Empfehlung an die Frau Mutter«, und er sagte: »Dat kannze aber annehmen hömma.« Hatte es noch einen Sinn, in der Kaiserstraße 72 meine Aufwartung zu machen? Damals hatte ich nämlich in der Eisenbahn zwischen Köln und Wuppertal einen langen Riss im linken Ärmel meines schwarzen Angebersakkos bemerkt. In der Kunststopferei in Wuppertal wurde ich verhöhnt, mindestens eine Woche würde das dauern, schmeiß das olle Teil doch weg, wo kommen wir denn da hin. In Dor'mund dagegen sagte die entzückende alte Dame in ihrer winzigen Kunststopferei, die ich nur gefunden hatte, weil ich mich fragte, was denn das für ein schmaler Laden ist: »Dat dauert aber mindestens ne halbe Stunde. Geh ma solange gegenüber beim Griechen, datte wat zwischene Rippen kriss.« Und dann war es so schön kunstgestopft, und dann wollte sie 2 Euro dafür, und dann konnte sie mir nicht auf 5 Euro herausgeben, und dann musste ich sie anherrschen: »Noch nie was von Trinkgeld gehört?«, und dann habe ich abends mein Publikum beschworen, sich sofort nach der Lesung zu Hause das Wams zu zerreißen und es gleich als Erstes am nächsten Morgen in die Kaiserstraße 72 zum Kunststopfen zu tragen. Dann aber hätte ich meinen Zug verpasst, und so ungern ich mich von Dor'mund getrennt habe, so schön ist es dann auch wieder zu Hause, wo es eine richtige U-Bahn gibt.

Nicht ganz so große Großstädte neigen ja dazu, sich eine sogenannte U-Bahn zuzulegen, meist eine Straßenbahn, die, sobald sie unter einer Brücke durchfährt, am anderen Ende als U-Bahn wieder rauskommt. (Die Springer-Presse hat bis zum Schluss »sogenannte DDR« geschrieben. Wäre »angebliche DDR« oder gar »mutmaßliche DDR« nicht noch viel vernichtender gewesen? Verschenkt. Jetzt ist es zu spät.) Ich sitze in der richtigen U-Bahn von Hamburg und erwäge sinnlos Folgendes: Der von mir bewunderte Prof. Fritz Weigle (einer größeren Öffentlichkeit unter dem Pseudonym F. W. Bernstein und als Verfasser des bis heute nicht widerlegten Zweizeilers »Die schärfsten Kritiker der Elche / Waren früher selber welche« bekannt) hat mir über Ulrich Holbein geschrieben: »Er sitzt in der nordhessischen Wildnis und schreibt Vergnügliches. Ich bewundere ihn.« Was hat er mit »Ich bewundere ihn« gemeint? Wohl doch eindeutig: »Ich könnte das nicht, so in der nordhessischen Wildnis sitzen. Der Mann hat doch einen an der Waffel.«

Wie also komme ich aus der Nummer mit dem »von mir bewunderten Prof. Fritz Weigle« wieder raus? So: Der von mir verehrte Prof. Fritz Weigle (einer größeren Öffentlichkeit usw.), und nun habe ich vergessen, aus der U-Bahn auch wieder auszusteigen. Irgendwo im schönen Nordosten nehme ich einen Bus und staune, wie kreativ es hier zugeht: »StöberStube«, Fahrschule »Hin&Weg« und, last, but certainly not least, die »Getränkewelt ZISCH!«

Eckhard Henscheid

Um die verzweifelte Stimmung ...

Um die verzweifelte Stimmung, welche die »Frankfurter Schule« um das Jahr 1933 herum befallen hatte, etwas aufzulockern, veranstaltete Max Horkheimer eines schönen Tages einen kleinen Wettstreit. Derjenige sollte Sieger und der beste Kritische Theoretiker sein, der das Reflexivum »sich« am weitesten postponieren (nachstellen) konnte. »Das hört *sich* gut an!« rief Erich Fromm und schied sofort aus. »Jetzt wird *sich* mal zeigen«, schrie begeistert Herbert Marcuse, »wer was drauf hat im Kopf!« – und natürlich sah damit auch Marcuse kein Land. Etwas geschickter stellte sich Walter (»Benjamin«) Benjamin an, der mit einem »Der Marxismus muß mit dem Judentum *sich* verbrüdern!« zum Erfolg zu kommen hoffte. Habermas hatte offensichtlich die Regel mißverstanden oder was, jedenfalls schied er mit seinem Beitrag »*Sich* denken, bringt wahre Selbstreflexion des Geistes« aus, und auch Pollock brachte es mit einem »Gott ist an *sich* im Himmel« nicht recht weit, ja er wurde sogar mit Schulverweis bedroht (nachher wollte er es ironisch verstanden haben usw., was aber vor allem Marcuse bestritt, während Fromm irgendwie mit der ganzen Welt verkracht war und nur verbissen an seiner Rache bzw. einem Bleistift kaute) – jedenfalls legte nun lächelnd Max Horkheimer mit dem Satz »Die Judenfrage erweist in der Tat als Wendepunkt *sich* der Geschichte« einen echten Hammer vor, indessen –

– nicht zu glauben, daß auch dies noch übertroffen werden konnte: Sieger wurde und sein Meisterstück machte nämlich Adorno mit dem seither geflügelten Satz: »Das unpersönliche Reflexivum erweist in der Tat noch zu Zeiten der Ohnmacht wie der Barbarei als Kulmination und integrales Kriterium Kritischer Theorie *sich*.«
Selten ein schönerer, ein rührenderer Anblick als der, da Max Horkheimer mit den Worten »Brav, sehr brav« dem Jüngeren über den schon haarlosen Kopf strich und ihm als Siegestrophäe Fritzi Massary überreichte.

Fritz von Ostini

Die blaue Schlange

Indianer-Roman von Karl May (Schluss)

Ich hatte meine fünf Gewehre umgehängt, den Bärentöter, mein Henrygewehr, einen Mauserkarabiner, eine Elefantenbüchse und einen Drilling, den Hirschfänger und einen Schleppsäbel umgebunden, drei Paar Revolver und einige Doppelpistolen in den Gürtel gesteckt, den Sauspieß, eine Hellebarde, mein Tomahawk, einen Lasso und eine Walfischharpune in die Hand genommen und die kleine Gattlingkanone, ohne die ich nie in die Prärie ziehe, in dem Rucksack untergebracht und die Hosentaschen mit Stinkbomben und Dynamitpatronen gut gefüllt. So kroch ich mit der mir eigenen Schläue, an der mir kein Irokese gleichkommt, durch das hohe Gras der Prärie – als ich plötzlich fünf baumstarke, bis an die Zähne bewaffnete Indianer vor mir sah, welche mit ihren vergifteten Pfeilen auf mich zielten. Ich war so kaltblütig, dass ich erst einen Schluck Cognac nehmen musste, um mich zu erwärmen, dann beschloss ich, die Kerle nicht zu töten, sondern lebendig zu fangen. Es waren Gelbfußindianer, wie ich sofort an ihrem Dialekt erkannte, denn ich beherrsche alle Indianerdialekte wie meine Muttersprache, sogar noch besser. – »Tschindara bim bim!« sagte der eine, was auf Deutsch heißt: »Bleichgesicht, du musst sterben!«

»Ja, oder was beißt mich!« hohnlachte ich mit der mir eigenen Geistesgegenwart, sprang mit einem gewaltigen Salto mortale – ich war immer ein brillanter Springer! – über die Köpfe der verdutzten Indianer weg, drehte mich im Sprung und fiel ihnen so, ehe sie sich von ihrem Staunen erholen konnten, in den Rücken. Ohne meine Waffen fallen zu lassen, warf ich mit jeder Hand und mit jedem Bein einen zu Boden, während ich den mittleren mit den Zähnen am Kragen fasste und gleichfalls niederwarf.

»Blimi, Blami!« (Gnade, Erbarmen) stöhnten sie, ich aber sagte: »Vorher sollt ihr eine Tracht Schläge bekommen!« Mit der Nilpferdpeitsche, ohne die ich nie ausgehe, zog ich jedem nun 25 Streiche über den Rücken, und dann fesselte ich einen mit meinem Lasso, einen mit meinen Hosenträgern, einen mit meinem Schnupftuch und die anderen mit Handschellen, welche ich zu solchen Zwecken immer bei mir führe. Ein anderer hätte sie vielleicht erst gefesselt und dann gehauen, ich hielt das nicht für fair. Dann sprach ich:

»Ich werde euch nicht töten, denn ich bin ein Christ, und ein solcher tut einem Wehrlosen nichts zuleide! Bleibt nur liegen, vielleicht befreit euch ein anderer!«

Dann ritt ich auf meinem arabischen Rappen Rih davon, nachdem ich den Burschen ihre Waffen abgenommen und zu mir gesteckt hatte. Es galt jetzt, den Häuptling »Die blaue Schlange« einzuholen und meine Gefährten zu retten. Wir flogen dahin, viel, viel schneller als der Wind, und ich war mehrmals in Gefahr, mich selber einzuholen oder zu überreiten. So waren wir schon stundenlang galoppiert und Rih hatte noch kein nasses Haar. Hin und wieder schoss ich während des Rittes einen

Tiger, einen Eisbären oder ein Rhinozeros, bekehrte einen alten Indianer zum Christentum, befreite einige Gefangene aus dem Kerker und entdeckte geheimnisvolle Felsenhöhlen und unterirdische Gänge. Wenn mich der Ritt durch bewohnte Gegenden führte, ertönte überall, halb im Tone des Entsetzens, halb im Tone des Grauens der Ruf: »Old Shatterhand kommt!« Ich tat niemandem etwas zuleide, und die paar Dutzend Indianer, die mich unterwegs anfielen, tötete ich nicht, sondern betäubte sie nur durch einen furchtbaren Schlag auf den Kopf und fesselte sie mit meinem Lasso.

Plötzlich sah ich mich vor einem breiten reißenden Strom, den ich zu durchschwimmen beschloss – ich bin nämlich ein kolossaler Schwimmer! – aber, als ich näher kam, richteten Millionen von Alligators ihre Köpfe aus dem Wasser auf und klappten mit den Kinnladen. Was tun? Da wieherte mein Rih, als wollte er mir etwas sagen. Ich verstand ihn. Rih hat einen Verstand wie ein Mensch, mehr als mancher Mensch! Überspringen konnte ich den viele Kilometer breiten Strom nicht, Rih wäre unfehlbar um einige Meter zu kurz gesprungen! Da nahm ich das edle Tier fester zwischen die Schenkel – ich habe in den Schenkeln eine Riesenkraft! – und gab ihm ein Zeichen (jedes edle arabische Pferd gibt auf ein Zeichen, das nur sein Herr und meist auch dieser nicht kennt, sein Allerbestes!). Bei Rih war das Zeichen, dass ich mit der Linken seinen Schweif, mit Daumen und Zeigefinger der Rechten seine Nüstern fasste und das Pferd gleichzeitig am Sprunggelenk des linken Hinterfußes sanft streichelte, was nur ein solcher Reiter fertigbringen kann wie ich. Als Rih das Zeichen spürte, verdoppelte er seine

Anstrengung und flog nun über die Rücken der dicht zusammengescharten Reptilien hin: donnernd, zum anderen Ufer. Der Ritt war schon beinahe geglückt – als ich am jenseitigen Ufer eine Herde von zwei- bis dreihundert Grizzlybären erblickte, welche die Zähne gegen mich fletschten und ein ohrenbetäubendes Gebrüll erhoben.

Was tun?

Für diese Schar reichte weder meine Gattlingkanone noch meine Gewehrsammlung aus. Wenn ich auch ein unfehlbarer Schütze bin, so konnte ich mit einem Frontalangriff die zwei-, dreihundert Bären doch nicht erlegen!

Schnell war mein Plan gefasst.

Auf dem Rücken eines besonders großen Alligators schwenkte ich nach rechts ab und landete am linken Flügel der Bärenreihe, die scharf ausgerichtet in schnurgerader Linie am Ufer stand. Ich verließ mich auf die Durchschlagskraft meines kleinkalibrigen Henrygewehres, sprang vom Pferde, machte mich fertig und zielte:

Meine Kugel streckte die ersten zehn Bären tot zu Boden.

Ich schoss wieder.

Abermals fielen zehn Bären.

Noch eine Kugel.

Dieses Mal fielen nur neun, weil ein besonders dicker dabei war. Der Flankenangriff war gelungen! Nach zwanzig bis dreißig Schüssen lag die ganze Schar der Bestien tot am Ufer. Ich zog ihnen die Felle ab, die heute noch mein Wohnzimmer zieren, schnitt die Schinken herunter, dann band ich das alles auf meinem Sattel fest und sprengte auf

meinem Rih, der noch immer kein nasses Haar zeigte, obwohl meine Waffen allein an vierhundert Kilo wogen, davon.
Plötzlich sah ich eine Spur. Mit dem mir eigenen Scharfsinn sah ich, dass hier ein Chippewayindianer in mittleren Jahren gegangen sein musste, der eine Blatternarbe auf dem linken Nasenflügel trug und schielte!
Kein Zweifel: ich hatte die Spur des blutdürstigen Häuptlings *Die blaue Schlange*!
Mit Riesenkräften gab ich meinem Rappen, der noch immer kein nasses Haar hatte, die Sporen. Plötzlich verdoppelte, vervier-, veracht-, versechzehn-, verzweiunddreißig-, vervierundsechzig-, verhundertachtundzwanzig-, verzweihundertsechsundfünfzigfachte sich die Spur und darunter sah ich auch ganz deutlich die Spuren eines blonden Europäers mit blauen Augengläsern – meines Gefährten, den es zu retten galt.
»Vorwärts Rih!« Das edle Tier lief nicht mehr, es flog. Nur alle zehn Minuten etwa berührten seine Hufe den Boden. Flach wie ein Tisch, ohne Baum, ohne Strauch dehnte sich die Prärie vor uns aus.
Mit einem Male stürzten hinter einer Waldecke mit furchtbarem Geheul zweihundertsechsundfünfzig Indianer auf mich los, und im Augenblick war ich vom Pferd gerissen, gefesselt und ins Lager geschleppt, wo mein Gefährte schon festgeschnürt am Marterpfahle stand. Wir reichten uns stumm die Hände und dann wurde auch ich an einen Pfahl gebunden. Der Häuptling schrie mich an in der Chippewaysprache, die ich vollkommen beherrsche:

»Bumsvallera, hopsasa duliäh kikeriki! Holdrioh Wagalaweia, schnetterengteng hollaho, larifari, birribirri dore mi fa sol la si, harre hurre hopp hopp hopp, Kling klang Gloria bum bum!«

Furchtlos sah ich ihm bei dieser Drohung ins Gesicht und lächelte verächtlich. Ich kann nämlich in Todesgefahr ungeheuer verächtlich lächeln.

Die Indianer verzehrten indes meine Bärenschinken und in den Esspausen schossen sie mit ihren vergifteten Pfeilen auf uns, glücklicherweise, ohne zu treffen.

Ich beschloss als Christ, auch diese Irregeleiteten nicht zu töten, sondern lebendig zu fangen. Mit dem mir eigenen durchdringenden Blick hypnotisierte ich sie, überfressen hatten sie sich ohnedies, und bald lagen sie alle in tiefem Schlaf. Dann riss ich der »blauen Schlange« sein Skalpiermesser aus dem Gürtel, schnitt mir die Fesseln von den Händen, befreite auch meinen Gefährten, schlug mit dem Kolben meines Bärentöters jeden Einzelnen furchtbar, aber schonend auf den Kopf, und dann banden wir sie alle mit dem Lasso, welchen ich bei solchen Gelegenheiten immer bei mir führe.

Hierauf labten wir uns an etwas Bärenschinken, warteten, bis alle erwacht waren und um Gnade winselten.

Ich sprach:

»Ich bin ein Christ und werde euch nicht töten. Aber ihr müsst mir versprechen, künftig brav zu sein und keine Weißen mehr zu skalpieren!«

Alle versprachen es, nur der trotzige Häuptling nicht. Der erklärte, wenn er nicht mehr skalpieren dürfe, so freue ihn das ganze Indianerspielen nicht mehr. Ich band daher nur die übrigen los, welche mich alsbald mit Begeisterung umtanzten und riefen:

»Dalli lalli, dalli lalli!« (Heil dem großen Wundermann!)

Bescheiden, wie ich immer bin, sagte ich, was ich immer in solchen Fällen sage:

»Ich bin ein Christ, und der Gott der Christen ist ein gütiger Gott. Ich bin kein Zauberer und Wundermann, sondern nur ein schwacher Mensch, allerdings ein Tausendsassa, der mehr gelernt hat als Brot essen. Ich kann schießen wie keiner, reiten wie keiner, springen, gehen, schwimmen wie keiner, werde nie müde, kriege nie Hunger, bin tapfer wie Leonidas, schnellfüßig wie Achilles, schlau wie ein Fuchs und geradezu blödsinnig intelligent. Wer's nicht glaubt, der lese meine sämtlichen Werke, wo er auch finden wird, dass ich alle Länder der Erde bereist habe, alle Sprachen kenne und von allen Nationen vergöttert werde. Ich kümmere mich nie um das weibliche Geschlecht, weshalb meine Bücher sich so vorzüglich für die reifere Jugend eignen. Ich kann aufschneiden wie ein englischer General und erzähle von jedem Land die gleichen Radomontaden, ob nun von Abenteuern mit Chinesen, Kaffern, Bulgaren, Tscherkessen oder Feuerländern die Rede ist. Passt mal auf, was ich für ein Kerl bin!«

Während die Indianer in atemloser Spannung auf mich sahen, schoss ich mit meinem Mehrlader der Reihe nach etliche hundert Kolibris herunter, die in größerer Entfernung vorbeiflogen, mit meinen übrigen Schießwaffen schoss ich in eine große weiße Holzscheibe, die ich zu solchen Zwecken immer bei mir führe, mit vielen Kugeln auf 800 Schritt mein Monogramm, mit der Gattlingkanone schoss ich meinem weit draußen weidenden Rappen die Bremsen vom Leibe – das brave Tier wieherte dankbar! –, mit dem Sauspieß nagelte ich einen vorüberflatternden Falter an die nächste Felswand, mit der Hellebarde tötete ich einen Auerochsen, mit der Harpune einen großen Lachs, mit dem Lasso fing ich einen Präriehund, mit dem Säbel spaltete ich ein Haar – und dann lud ich den Bärentöter mit der letzten Kugel, die ich hatte.

»Seht dort die zwei Jaguars«, sagte ich und deutete auf zwei riesige Bestien, die etwa eine Meile vom Lager entfernt sprungbereit kauerten. Sie mochten ungefähr zehn Schritt von einander entfernt sein.

»Diese werde ich jetzt mit einer Kugel schießen«, sagte ich und legte an. Ich hatte, scharfäugig, wie ich bin, bemerkt, dass etwa auf halbem Wege das Bowie-Messer eines Indianers, die Schneide gegen mich gekehrt, in der Erde steckte. Auf diese Schneide zielte ich, traf, die Kugel spaltete sich, wie vorausberechnet, in zwei Teile, und jeder Teil fuhr einem der Jaguars in's Herz.

»Dalli lalli, dalli lalli!«, schrien die Indianer wieder und küssten mir die Hände. Bloß die »blaue Schlange« war verstockt geblieben. Der Halunke hatte sich inzwischen seiner Fesseln entledigt, und als ich nun waffenlos dastand, stürzte er mit dem Rufe:

»Hoptiqux, hoptiqux, teremtete!« (Hund, jetzt bist du verloren!), mit geschwungenem Beil auf mich los.

Ich glaubte mich wirklich verloren. Da geschah etwas Wunderbares!

Mitten im Sprunge stürzte die »blaue Schlange« mit einem Schmerzensschrei tot zu Boden.
Was war geschehen?
Der Mann hatte zuviel von meinem Bärenschinken gegessen, und ehe er sein blutiges Vorhaben ausführen konnte, raffte ihn eine *Indigestion* dahin. Ein furchtbares Gottesgericht!
Die Indianer waren total bedeppert, knieten vor mir und baten mich, ihr Häuptling und außerdem Präsident der Vereinigten Staaten zu werden. Ich lehnte bescheiden ab, gab ihnen meinen Segen, den ich zu solchen Zwecken immer bei mir führe, und sprach:
»Kinder, euer Antrag ehrt mich, aber ich kann ihn nicht annehmen. Der Verein für Volksverdummung in Deutschland hat mich engagiert, und ich muss in drei Wochen zwanzig neue Bände Reisebeschreibungen zur Vertrottelung der Leserwelt meines Vaterlandes abliefern. Lebt wohl!«
Mit diesen Worten sprengte ich davon. Die Indianer aber schlichen seitwärts in die Büsche, um die Tränen ihrer Wehmut zu verbergen.

Ende

Ödön von Horvath

Wintersportlegendchen

Wenn Schneeflocken fallen, binden sich selbst die heiligen Herren Skier unter die bloßen Sohlen. Also tat auch der heilige Franz.

Und dem war kein Hang zu steil, kein Hügel zu hoch, kein Holz zu dicht, kein Hindernis zu hinterlistig – – – er lief und sprang und bremste derart meisterhaft, dass er nie seinen Heiligenschein verbog. So glitt er durch winterliche Wälder. Es war still ringsum und – – – eigentlich ist er noch keinem Menschen begegnet und auch keinem Reh. Nur eine verirrte Skispur erzählte einmal, sie habe ihn auf einer Lichtung stehen sehen, wo selbst er einer Gruppe Skihaserln predigte. Die saßen um ihn herum im tiefen Schnee, rot, grün, gelb, blau – – – und spitzten andächtig die Ohren, wie er so sprach von unbefleckten Trockenkursen im Kloster »zur guten Bindung«, von den alleinseligmachenden Stemmbögen, Umsprung-Ablässen und lauwarmen Telemarkeln. Und wie erschauerten die Skihaserln, da er losdonnerte wider gewisse undogmatische Unterrichtsmethoden!

Jaroslav Hašek

Knapper Inhalt eines blutrünstigen Romans

»Giuseppe Boro kommt nach Triest. Weil er kein Geld für einen längeren Aufenthalt hat, stellt er sich unter dem Namen Graf Alarich von Eisenfels dem Gastwirt Bitornello vor, der eine schöne Tochter namens Lucia hat. Diese verliebt sich in den falschen Grafen, aber Giuseppe Boro wird in der Stadt von dem ruchlosen Matrosen Lorenzo beobachtet, der ein Geheimnis aus dem Leben Boros kennt und darüber hinaus weiß, dass dieser in Rom den Verführer seiner Schwester erschlagen hat und drei Herren obendrein, die diesem Verführer geholfen hatten. Und so erschrickt Giuseppe Boro sehr und vertraut sich dem Gastwirt Bitornello an, mit dem er bei einem Glas Wein Brüderschaft geschlossen hat. Sie vereinbaren, Lorenzo zu vergiften, was ihnen auch gelingt, nachdem sie ihn zum Wein eingeladen haben. Weil aber die Beseitigung des Leichnams sehr mühevoll ist, weihen sie die Tochter Lucia ein, stecken den toten Lorenzo in einen Sack und tragen ihn nachts in die Berge hinter der Stadt, wo tiefe Schluchten sind. Sie beabsichtigen, den Sack in eine solche Schlucht zu werfen, und stehen auch schon am Abhang, als ein Gendarm sie überrascht. Lucia rettet sie und stößt dem Gendarmen einen Dolch ins Herz, gerade als dieser vom Pferd springt, um nachzuschauen, was hier geschieht. Die Leichen Lorenzos und des

Gendarmen werfen sie in den Abgrund, und da wiehert das verwaiste Pferd, und gleich darauf erschallt in der Nähe Hufgetrappel, und ein weiterer Gendarm erscheint. Diesen streckt eine Kugel aus Boros Pistole nieder, und alle begeben sich ruhig nach Hause, weiter hab ich das nicht, Herr Verleger.«

Der junge Mann, der dem Verleger blutrünstiger Romane Tomsa gegenübersaß, schaute dem guten Manne traurig in die Augen, als dieser rief: »Da hört aber die Gemütlichkeit auf, Herr Kraniský, was wird weiter, wohin bringen Sie die anderen Leichen? Ihre Leute hätten dort bleiben sollen, weil der Schuss noch eine Gendarmenstreife herbeilockt, ein grausiger Kampf bricht aus, so stelle ich mir das vor, einem wird der Hals umgedreht, verstehen Sie, junger Mann? Übrigens sind Sie sehr unvorsichtig im Umgang mit Schusswaffen. Sie schießen in der Nacht herum, wenn Sie eine Leiche wegschleppen, um sie von den Felsen hinabzuwerfen, und nachdem Sie schon einen Gendarmen getötet haben. Das ist ein Fehler, ein großer Fehler, das ist ja der reinste Verrat. Wenn Ihre Lucia schon so erfolgreich mit dem Dolch operiert hat, warum haben Sie dann nicht auch den zweiten Gendarmen erstochen?«

Herr Tomsa stand auf, stützte sich auf den Tisch des halbleeren Cafés und schrie in der Erregung ganz laut: »Warum haben Sie, frage ich Sie noch einmal, nicht auch den zweiten Gendarmen mit dem Dolch erledigt? Sie hätten ihm den Dolch ins Herz bohren müssen, und aus wäre die Komödie. Aber natürlich, der feine Herr kann nicht nach der altbewährten Schablone vorgehen. Das ist die heutige Jugend! Sie haben doch den seligen Charvat gekannt, der konnte mit dem Dolch umgehen. Das war im Jahre 1900 und ging weiter bis ins Jahr 1905, und das war in Deutschland, und er hat nur mit Dolch und Gift gearbeitet. Eine Schießerei in der Nacht erzeugt Lärm, und wenn Sie so weitermachen, dann erklären Sie mir gefälligst, wie Sie da herauskommen wollen! Sie haben sich da sehr übel verfitzt. Ich spreche zu Ihnen wie ein Vater, Sie haben eine gute Auffassungsgabe, und ich glaube, es ist noch nicht alles verloren. Sie müssen jetzt die Gelegenheit nutzen und fliehen. Begreifen Sie nicht, dass nach allem, was geschehen ist, eine Rückkehr in die Stadt unmöglich ist? Sie müssen hinaus in die Welt! Meinethalben mit Raub beginnen. Ermorden Sie von mir aus Frauen und Kinder, und diese Lucia lassen Sie einsperren und befreien Sie wieder! Eilen Sie an den Ort, wo sie eingekerkert ist, und machen Sie den Wärter nieder. Ich würde Ihnen zu einem Gummiknüppel raten und nicht zum Revolver, da würden Sie sich wieder verfitzen, weil so ein Schuss alle Welt alarmiert.«

»Ich versichere Ihnen, ich werde nicht mehr schießen«, versprach der junge Mann. »Ich danke Ihnen für den Rat, und darf ich in Zukunft Gift anwenden? Welches Gift tötet ohne Spuren?«

»Da sieht man, dass Sie auf diesem Gebiet noch nicht so versiert sind wie der Charvat, Gott hab ihn selig. Jedes Gift hinterlässt Spuren, und dann kommt die Obduktion. Und dann entdeckt der Arzt beispielsweise Strychnin. Das macht aber nichts. Arbeiten Sie demonstrativ mit Giften. Namentlich reiche Verwandte und dergleichen kann man vergiften, am besten nach und nach, das gibt mehr her. Und um es nicht zu vergessen – wenn Sie den Wärter erschlagen haben, dann ist alles in Ordnung, aber Sie dürfen nicht vergessen, dass die heutige Zeit auch einen formidablen Bankraub erfordert. Die Beamten werden mit Chloroform betäubt, oder man spritzt ihnen unauffällig Kurare ins Blut. Schwere Stahltresore werden mit Dynamit gesprengt. Und dann können Sie den Revolver gebrauchen. Da ist der Revolver dran, ein Browning ist eine ausgezeichnete Sache. Schön macht sich auch ein Zugüberfall. Auch in die öffentlichen Lokale können Sie eindringen, in Theater, Restaurants, Cafés, und wer sich Ihnen in den Weg stellt und sein Geld nicht rausrücken will, den knallen Sie erbarmungslos ab wie einen Hund, ich sage Ihnen, wie einen Hund, junger Mann, und jetzt mit neuer Lust ans Werk!«

Sie standen auf und sahen zu ihrer Überraschung, dass rings um sie Gäste, Kellner, Pikkolos und der Kaffeehausinhaber mit gefalteten Händen knieten und in stummer Schicksalsergebenheit um Gnade flehten.

Axel Hacke

Wein oder Nichtwein

Es war elf, als ich den Weinladen betrat. Ich wollte für Bruno, bei dem Paola und ich eingeladen waren, eine Flasche besorgen. Im Laden stand nur ein kleiner Dicker mit Halbglatze und grau-lockigem Resthaar. Er tänzelte, wenn er sich bewegte, und näselte leicht beim Sprechen. »Roten oder Weißen?«, fragte er. Ich war schon öfter hier gewesen, aber ihn hatte ich nie gesehen.
»Rot«, sagte ich. »Vielleicht sollte er zu Zigarren passen. Ich will ihn verschenken. Mein Freund raucht Zigarren.«
»Gehen wir zu den Spaniern«, sagte der Händler. Er nahm eine Flasche. »Dieser hier, delikat, würzig, traurig, fast wuchtig, hält jeder Zigarre stand. Probieren Sie mal ...« Er entkorkte eine Flasche, die bereitstand, und goss Wein in ein Glas. Ich nahm einen ordentlichen Schluck. Er goss sich selbst auch ein und trank. »Unglaublicher Nachhall, was?«, sagte er. »Hört gar nicht mehr auf, ha!« Ich hatte noch nie gesehen, dass ein Weinhändler selbst trank, wenn er Weine verkaufte. »Ja«, sagte ich. Ich verstehe nicht viel von Wein, obwohl ich ihn gern trinke. Wenn ich über Wein reden soll, versage ich ganz. Er nahm noch einen Schluck und griff nach einer anderen Flasche. »Dieser hier«, sagte er. »Voll konzentriert, opulent, auch geschmeidig, seidig im Abgang, gleichzeitig stählern – eine Wuchtbrumme.«
Er goss den Wein in zwei Gläser. Wir probierten.

»Hmmm«, machte ich, weil ich nicht wusste, was ich sagen sollte. Ich dachte über stählerne Seide und seidigen Stahl nach.

»Ah, der hat Kraft, der hat Frucht, was für ein Spaß!, der hat Fun!« Der Dicke steigerte sich allmählich in die Sache hinein. Er zündete sich einen Zigarillo an. Wie kann es sein, dass ein Weinhändler in seinem Laden raucht?, dachte ich. Er trank eilig einen zweiten Schluck. Ich auch.

»Aber jetzt zeige ich Ihnen diesen hier«, sagte er. Er goss Wein in Gläser, brummte vor Vergnügen und hielt sie gegen das Licht. »Was für ein Rot!«, flüsterte er. »Wie das Blut aus dem Hals des Holofernes, nachdem Judith ihn köpfte.« Er atmete über dem Glas tief ein und trank schlürfend. »Zwetschgig, kirschig, johannisbeerig«, sagte er. »Und dahinter irgendwo kalter Rauch, Suppengemüse, Fleischbrühe, ja, und Noten von Rohöl.«

Ich trank. Er auch. »Ich habe noch nie Rohöl getrunken«, sagte ich. »Was Weinfachleute alles saufen müssen!«

Er hörte nicht zu. Wir tranken.

»Hier, ein Chilene!«, sagte der Mann. »Ich gebe Ihnen von dem.«

Er füllte zwei Gläser und trank.

»Muskulös, was?«, sagte er. Er seufzte hingerissen. »Stämmige Textur, gleichzeitig dieses Wilde, Unnahbare – und ich schmecke Brot und Winzerschweiß, das Unterholz eines sterbenden Mischwaldes und die Spur eines streunenden Wildschweins im Moos und das Geschrei eines brünstigen Hirschkäfers ...«

»Banane«, sagte ich, weil ich auch was sagen wollte. »Als wäre Banane im Abklang, äh, Nachgang. Und Radiergummi?«

Er nickte versonnen, als horche er auf etwas Fernes. »Einen letzten«, sagte er rasch, nahm eine Flasche, füllte Gläser. »Den könnten Sie auch nehmen, ein 98er Bonchambon de Bonchamps, feinstaubig-tanninig, vibrierend-tabakig am Gaumen, rote-betig irgendwie auch, wachsig-mineralig, kräuterzuckrig im fernen Hintergrund, vibrierend-straff, irgendwie jovial und doch sexy, ein Geschmack wie schwarzer Chiffon ... «

Wir tranken. Ich dachte, wenn er nicht mit Wein handeln würde, könnte er auch ein Adjektivgeschäft aufmachen. Da war hinter einer Tür am Ende des Ladens ein Geräusch zu hören.

»Ich muss gehen«, sagte der kleine Dicke plötzlich hastig. »Machen Sie's gut!«

»Aber ...« sagte ich, da war er schon rausgehuscht. Aus der Tür am Ladenende trat ein hoch aufgeschossener Mann mit randloser Brille und weißer Schürze. Er schnupperte und sagte: »Bitte, rauchen Sie hier nicht!«

»Ich habe nicht geraucht«, sagte ich. »Da war ein kleiner Dicker – ich dachte ...«

Er seufzte auf, ging zur Ladentür, schaute hinaus, kam wieder zurück. »Mein Bruder ...«, sagte er. »Er soll hier eigentlich nicht ... Ich habe es ihm verboten, er ...«

Der Mann hielt mitten im Satz inne, zwinkerte und machte ein Bewegung, als führte er ein Glas zum Mund. »Er schreibt mir die Prospekte, verfasst auch Bücher über Wein und arbeitet für Weinjournale, wissen Sie«, fügte er hinzu. »Das kann er gut.«

»Ich glaub's«, sagte ich.

»Sie suchen Wein?«, sagte er. »Wählen wir zusammen einen aus?«

»Oh, bitte, nein«, sagte ich, nahm eine Flasche von dem Chilenen, zahlte und eilte von dannen.

Kurt Tucholsky

Der Namensfimmel

Ein Theaterzettel von heute sieht komisch aus. Früher stand da: Regie: Franz Durchfaller. Heute haben wir:

Spielwart – Regie – Künstlerische Oberleitung – Entwurf und Ausführung, es muß alles angegeben werden. Daß man auch einmal anonym arbeiten kann, um der Sache willen, das wäre ja gelacht –! Der Film tobt sich in diesem falschen Individualismus noch weit mehr aus, und wenn einer ein Pissoir anstreicht, dann kleckst er bestimmt seinen Namen unten in eine Ecke; es könnte wichtig sein.

Denn weil der Handwerker mit Gewalt ein Kinschtler sein will und alle Welt auf das Niveau pfeift, jede Arbeit so zu einem gewaltigen Einzelfall steigernd, sind wir das Land, in dem ein sauber geformter Löffel ›Entwurf von Professor Bruno Paul‹ ist, und es soll mich nicht wundern, wenn nächstens ein Esel, einen Klacks gemacht habend, iat: ›Entwurf Lucian Bernhard‹. Das muß wohl so sein.

Wir Schreiber sind die Dummen. Da setzen wir einfach unsern Namen unter unsre Arbeit – einen einzigen, kümmerlichen Namen. Ich schlage vor, in Zukunft folgendermaßen zu verfahren:

›Der Namensfimmel‹

von Ignaz Wrobel

Interpunktion: Thomas Mann

Fremdwörter: Hans Reimann

Druckfehler: Reinhold Wulle

Künstlerische Oberleitung: S. J.

»Reklame muß sind!« sagte der Einbrecher – da hinterließ er etwas am Tatort.

Robert Gernhardt

Das Buch Ewald

Gott und der Teufel schauten wieder einmal auf die Erde, als Gott den Teufel plötzlich anstieß und, auf einen jungen Mann deutend, sagte: »Jetzt schau dir mal diese Ratte da an!«

»Ratte? Nu na, nu na ...« antwortete der Teufel zögernd, da er im Gehabe des jungen Mannes, welcher gerade dabei war, auf ein junges Mädchen einzureden, wenig Rattenhaftes entdecken konnte. »Der ist doch eigentlich ganz nett.«

»Nett wie so eine Ratte nur sein kann«, gab Gott höhnisch zurück. »Siehst du denn gar nicht, was der da mit dem Mädchen vorhat?«

»Hat der was vor?« fragte der Teufel verwundert und lauschte zerstreut den Worten des jungen Mannes, welche darauf hinausliefen, er würde dem Mädchen, da sie sich doch für Kunst interessiere, gar zu gern seinen jüngst in London gekauften Hockney-Band zeigen.

»Stimmt, der hat etwas vor«, sagte der Teufel schließlich, »der will dem Mädchen ein Kunstbuch zeigen.«

»Kunstbuch?!« Gott schlug sich in gespielter Verzweiflung vor die Stirn. »Sagtest du Kunstbuch?«

»Ist doch Kunst – oder?«

»Was ist Kunst?«

»Hockney.«

Gott überlegte einen Moment. War Hockney Kunst? Ein bißchen viel

Schwimmbecken – oder? Doch dann fiel ihm das Portrait der Eltern ein: »Ja, ja. Kunst.«

»Na also«, sagte der Teufel.

»Also was?«

»Also alles klar – die beiden da haben irgend etwas Kunstmäßiges vor.«

Gott blies die Backen auf, dann ließ er mit einem verächtlichen Seitenblick auf den Teufel ostentativ die angestaute Luft entweichen: »Pfllpfllpfll ...«

»Nichts Kunstmäßiges?« fragte der Teufel verunsichert.

Gott wollte gerade zu einer Antwort ansetzen, als zwei Engel hereinkamen und etwas Backwerk, Kaffee, Cognac sowie eine Flasche Rotwein brachten. »Da bin ich mal so frei«, sagte der Teufel, dem schon lange nach einem Schlückchen gewesen war, und griff nach dem Cognac. Gott bediente sich derweil vom Rotwein, fast schien es, als habe er den jungen Mann vergessen, als er plötzlich das angebissene Stück Kuchen sinken ließ und mit vollem Munde herausplatzte: »Bürsteln will er sie!«

»Wer? Wen?«

»Er! Sie!« Erregt blickte Gott wieder auf die Erde, während der Teufel, ohne vom Kuchen aufzuschauen, ein begütigendes »Nu na« und »Wer wird denn gleich an das Schlimmste denken« brummte.

»Da!« schrie Gott entgeistert auf. »Ja ist denn das die Möglichkeit!«

»Ist was?« Nun schaute auch der Teufel hinunter, ohne freilich den jungen Mann sogleich ausmachen zu können.

»Da!« Gott packte den Teufel am Ärmel. »Was für eine Ratte! Was für eine ausgemachte Ratte! Jetzt faßt er sie doch tatsächlich an die Dudeln!«

»Wirklich?« Der Blick des Teufels irrte ein wenig umher, dann hatte er den jungen Mann wieder im Visier.

Der ging immer noch neben dem Mädchen her und wiederholte seine Bitte, sie möge sich doch seinen Hockney-Band anschauen.

»Mich so zu erschrecken!« sagte der Teufel fast schmollend. »Hat sich was mit Dudelnfassen!«

»In Gedanken hat er sie aber an die Dudeln gefaßt«, sagte Gott streng. »Und das ist genauso schlimm wie in Wirklichkeit.«

»Nu na.« Der Teufel wollte sich wieder dem Cognac zuwenden, doch dann hatte er das Gefühl, noch irgend etwas Hilfreiches sagen zu müssen, und daher sagte er: »Dudeln hin, Dudeln her!«

»Wie bitte?« fragte Gott stirnrunzelnd.

»Nun ja ...« Der Teufel überlegte etwas. »Bist du denn ganz sicher, daß er sie an die Dudeln fassen wollte?«

»Wohin sollte die Ratte sie denn sonst fassen wollen?«

»Weiß ich?« Für einen Moment fühlte sich der Teufel in die Enge getrieben, doch dann schlug er erleichtert vor: »Vielleicht an den Ellenbogen?«

»Vielleicht gar an seinen eigenen?« fragte Gott spöttisch.

»Ja, ja, warum eigentlich nicht?« stimmte der Teufel zu. »Es wäre nicht das erste Mal. Mein Knecht Hiob hat sich –«

»Mein Knecht immer noch!« unterbrach ihn Gott.

»Deiner? Auch gut.« Fast schien es, als ob der Teufel den roten Faden völlig verloren hätte, dann aber erinnerte er sich: »Der faßte sich auch immer so an den Ellbogen.«

»Wer?«

»Der Dingens. Mein – nein, dein Knecht Hiob. Erinnerst du dich nicht mehr?«

»Der?« Gott überlegte. »Ach der! Aber der hat sich doch immer an den Kopf gefaßt.«

»Wann?«

»Damals. Als du ihm diese ganzen Schicksalsschläge zugefügt hast.«

»Du immer noch«, berichtigte ihn der Teufel.

»Nein, du«, entgegnete Gott scharf.

»Aber du hast angefangen!« sagte der Teufel.

»Wir haben gemeinsam angefangen«, erinnerte sich Gott. »Wir hatten diese Wette laufen, nach der du meinem treuen Knecht Hiob alle erdenklichen Übel zufügen durftest, um ihn zum Abfall von mir zu bewegen und –«

»Bumsti! Abgefallen ist er!« schrie der Teufel begeistert.

»Im Gegenteil!« empörte sich Gott.

»Na gut. Aufgefallen ist er«, sagte der Teufel begütigend, und bevor Gott nochmals widersprechen konnte, fügte er rasch hinzu: »Weil er doch trotz der ganzen Schicksalsschläge immer so verbissen zu dir gehalten hat. Na! Nicht verbissen«, korrigierte er sich, da Gott schon wieder aufbrausen wollte, »vertraulich! Nein, auch nicht! Jetzt hab ich's: Vertrauensvoll!«

»Ja. Vertrauensvoll!« bekräftigte Gott. »Jawohl, so einer war er, mein

Knecht Hiob – vertrauensvoll! Du hast ihm die Frauen genommen und die Töchter und die Söhne und die Herden und schließlich die Schwären, und –«

»Die Schwären habe ich ihm aber nicht genommen, sondern geschickt«, warf der Teufel ein. »Deswegen – jetzt erinnere ich mich –, deswegen hat der Hiob sich ja auch die ganze Zeit an den Ellenbogen gefaßt. Nicht gefaßt! Gekratzt hat er sich. Weil's da so gejuckt hat!«

»Gejuckt?« Mißmutig blickte Gott auf den Teufel, der sich schon wieder vom Cognac bediente, doch dann hellte sich sein Gesicht auf.

»Vertraut hat er mir!« röhrte er fröhlich. »Nix hat er mehr gehabt –«

»Außer Schwären!« gab der Teufel mit der Korrektheit des Angetrunkenen zu bedenken, ohne Gott allerdings in seinem Gedankengang stören zu können, denn der fuhr freudig fort: »Gar nix! Außer dem Vertrauen zu mir. Dem Vertrauen! Das nämlich hast du ihm nicht nehmen können, du Saubär!«

»Nu na, nu na!« Irgendwie schien das Gespräch an Niveau zu verlieren, irgendwo dämmerte es dem Teufel, daß er ihm eine andere Wendung geben mußte. Aber wie? Da ihm nichts Besseres einfiel, schaute er scheinbar angespannt auf die Erde.

»Oha, oha!« sagte er aufs Geratewohl.

»Bürstelt er sie?« fragte Gott aufgeregt, während er suchend dem Blick des Teufels folgte. Zunächst ohne Erfolg. Endlich aber – der Teufel hatte nämlich in eine ganz falsche Richtung geschaut – fand Gott den jungen Mann wieder, welcher, offensichtlich vor seiner Haustüre angelangt, dem Mädchen noch einmal nahelegte, sich doch unbedingt den

Hockney-Band anzuschauen, auch könne er ihr, da es ja bereits ein wenig kühl sei, einen Tee bereiten.

»Bürsteltrick Siebzehn«, sagte Gott verächtlich, doch da der Teufel, froh über die Ablenkung, sich weiterer Kommentare enthielt, sahen beide eine Zeitlang schweigend zu, wie der junge Mann mit dem Mädchen zwei Treppen hochstieg, eine Wohnungstür öffnete, seinen Gast in ein möbliertes Zimmer geleitete – offensichtlich lebte er zur Untermiete –, worauf er unter Hinweis auf den versprochenen Tee in der Küche verschwand, wo er auch tatsächlich damit begann, Wasser aufzusetzen und nach einer Kanne zu suchen.

»Apropos Kanne«, sagte der Teufel und griff zum Cognac, während Gott, dem die Zeit ebenfalls lang geworden war, sich wie auch zuvor schon an den Rotwein hielt. »Kuchen gefällig?« fragte er so verbindlich, daß der Teufel sich nicht verkneifen konnte, nach einem eilfertigen »Aber gern« noch ein verschwörerisches »Fast wäre er ja doch naduweißtschonwas« zu äußern.

»Fast wäre wer was?« fragte Gott stirnrunzelnd.

»Dein Knecht Hiob wäre fast ...«

»Was fast?«

»Fast abgefallen.«

»Wie bitte?«

»Nu na – doch nur fast ... Fast beinahe ... Beinahe gar nicht ... eigentlich überhaupt nicht ...«, haspelte der Teufel. »Aber wenn du zum Schluß nicht deine Rede gehalten hättest, ich meine, ohne diese bombige Rede ...«

»Welche Rede?«
»Na, deine Rede an Hiob. ›Weißt du, Hiob, wann es Zeit ist, die Hindin zu schwängern?‹ – diese Rede. Eine ganz großartige Rede. Also ich habe sie jedenfalls gemocht. Ehrlich.«
»Die Hindin?« fragte Gott nachdenklich.
»Nein, deine Rede.«
»Nicht: die Hündin?«
Der Teufel schaute verwundert auf. »Welche Hündin denn?«
Gott nippte mißmutig an seinem Rotwein. »Ich könnte schwören, daß ich von einer Hündin geredet habe und nicht von einer Hindin.«
»O doch! Hindin!« versicherte der Teufel. »Weißt du die Zeit, wann die Gemsen auf den Felsen gebären? Oder hast du gemerkt, wann die Hindin schwanger geht«, fuhr er rezitierend fort. »Hast du gezählt ihre Monden, wenn sie voll werden? Oder weißt du die Zeit, wann sie gebiert?«
»Sie beugen sich«, fiel nun auch Gott ein, »lassen aus ihre Jungen und werden los ihre Wehen. Ihre Jungen werden feist –« für einen Moment wußten beide nicht weiter, nachdenklich blickten sie auf das Backwerk.
»Und immer feister und immer feister«, schlug der Teufel vor, doch nun war es an Gott, ihm auf die Sprünge zu helfen: »Feist und groß im Freien und gehen aus und kommen nicht wieder zu ihnen ... So habe ich zu Hiob geredet! Genau so! Ich habe ihn die schwierigsten Sachen gefragt, und er hat alle Antworten gewußt, alle! So einer war er, mein Knecht Hiob! Alles hat er gewußt, einfach alles!«
Gott wäre wohl noch länger so fortgefahren, hätte nicht ein eigenartig

gequälter Gesichtsausdruck des Teufels ihn plötzlich veranlaßt, »Ist was?« zu fragen.
»Nicht der Rede wert«, beeilte sich der Teufel zu versichern. »Nur …«
»Nur?«
»Nur, daß es sich genau umgekehrt verhielt.«
»Umgekehrt?«
»Oder andersrum«, sagte der Teufel mit einem etwas verrutschten Lächeln. »Oder nein, doch umgekehrt. Ich meine: Hiob wußte nichts.«
»Nichts?«
»Aber so erinnere dich doch«, beschwor der Teufel sein Gegenüber. »Hiob hatte sein Unglück beklagt, und du wolltest ihm beweisen, wie unverständig er war. Mittels deiner Rede. Einer ganz, ganz großartigen Rede übrigens. Schon der Einstieg …«
»Ach ja, der Einstieg«, erwiderte Gott zögernd. »Der Einstieg …« Einen Augenblick lang schwieg er. »Welcher Einstieg?« brüllte er plötzlich.
»Der zu deiner Rede. Dein Rede-Einstieg, um es kurz zu sagen.« Der Teufel erhob seine Stimme: »Wer ist der, der den Ratschluß verdunkelt mit Worten ohne Verstand? Gürte deine Lenden wie ein Mann, ich will dich fragen, lehre mich!«
»Sag mal – wie redest du eigentlich mit mir?« fragte Gott verblüfft.
»Aber so hast doch du mit Hiob geredet!«
»Ich?«
Schon wollte der Teufel abermals nach abschwächenden oder doch beschwichtigenden Formulierungen suchen, als Gott ihn unerwartet der Mühe enthob.

»Ja! Ich!« rief er strahlend aus. »So einer war ich! Hundert Fragen habe ich dem Hiob gestellt, und nicht eine hat er beantworten können, der Nichtsnutz! Nicht eine! Ich fragte: ›Wer bereitet dem Raben die Speise, wenn seine Jungen zu Gott rufen und fliegen irre, weil sie nichts zu essen haben?‹ Und was antwortete Hiob? Na?«

In gespieltem Unwissen zuckte der Teufel fast überdeutlich die Achseln. »Nichts?« fragte er dann scheinheilig.

»Nichts!« erwiderte Gott mit Nachdruck. »Und was, meinst du, wußte Hiob auf die folgende Frage zu antworten: ›Meinst du, das Einhorn werde dir dienen und bleiben an deiner Krippe?‹ Nun?«

Der Teufel hielt prüfend das Cognac-Glas gegen die tiefstehende Sonne. »Doch nicht etwa nichts?« murmelte er zögernd, wobei sein »nichts« gar nicht mehr zu hören war, da es vollständig von dem triumphierenden »Nichts!« Gottes übertönt wurde: »Gar nichts! Und auf meine Frage nach dem Strauß – überhaupt nichts! Auf meine Frage: ›Kannst du dem Roß Kräfte geben oder seinen Hals zieren mit einer Mähne?‹ Wieder nichts! Oder als ich ihn über Behemoth und Leviathan ausfragte –«

»Worüber?« fragte der Teufel verwirrt.

»Nilpferd und Krokodil nennt man die heute wohl«, erläuterte Gott.

»Ach ja, richtig«, sagte der Teufel. »Und? Was war da?«

»Nichts, nichts und wieder nichts!« schnaufte Gott begeistert.

»Was ja nicht gerade viel ist!« stimmte der Teufel mit ein.

»Äußerst wenig!« rief Gott glühend.

»So gut wie gar nichts!« übertrumpfte ihn der Teufel.

»Sag ich doch: Nichts, nichts und wieder nichts!«
Für eine Weile schien es so, als hätte Gott das letzte Wort behalten. Der Teufel brummte zwar noch etwas von »Das muß gefeiert werden«, hob auch prostend das Glas, doch dann blickten beide schweigend in die Abendröte, die sich bereits anschickte, der beginnenden Nacht zu weichen.
»Was macht unser Bürstelfreund eigentlich?« sagte Gott plötzlich in die Stille und darauf: »Nein, das gibt's doch nicht!«
»Was?« Der Teufel hatte etwas Mühe, Gottes Zeigefinger zu folgen, aber dann sah auch er den jungen Mann. Der saß nun neben dem jungen Mädchen, doch sie auf einer Couch, während er auf einem Sessel Platz genommen hatte und gerade die Seiten eines großformatigen Buches umblätterte, welches auf dem niedrigen Glastischchen lag, umgeben von einer Teekanne, zwei Teetassen und einem Aschenbecher. Daß Hockney sich ständig um neue Formulierungen des Themas ›Wasser‹ bemüht habe, erläuterte der Umblätternde, bei diesem Bild hier handle es sich um eine extrem unnaturalistische Umsetzung, geradezu abstrakt-dekorativ in seiner betonten Linienführung, das werde besonders deutlich, wenn man es mit ›A bigger splash‹ vergleiche – worauf der junge Mann etwas nervös hin und her blätterte, bis er das Bild mit dem Sprungbrett und dem sehr realistisch aufschäumenden Wasser gefunden hatte –: Da!
»Läuft wohl nicht viel mit Bürsteln«, sagte der Teufel, wobei er allerdings jeden rechthaberischen Tonfall vermied.
»Sieht nicht danach aus ...« Stirnrunzelnd beugte sich Gott abermals

vor. »Sieht ganz und gar nicht danach aus ...« Geistesabwesend starrte er auf den Teufel. »Dabei hätte ich schwören mögen, daß er sie bürsteln würde ...«

Nun war es bereits so dunkel, daß die ersten Sterne sichtbar wurden. »Wie heißt er eigentlich?« Gott schaute sich ruckartig um, doch da war niemand, der ihm hätte Auskunft geben können.

»Mir –« begann der Teufel.

»Mir? Seit wann heißt jemand Mir?« fragte Gott überrascht.

»Nein, nein – mir war so, als habe das Mädchen den Mann vorhin Ewald genannt«, sagte der Teufel, der noch versuchte, ein rasches »Prost auch« anzuhängen, doch so weit kam er gar nicht, denn »Ewald?« sagte Gott und »Ewald!« und dann »Mein Knecht Ewald!« und schließlich, nun schon voller Begeisterung: »Ewald! Das ist mein Knecht Ewald, an dem ich Wohlgefallen habe. Andere mögen meine Gesetze mißachten, ihre Tage sind ein Rauch, und ihre Nächte verbringen sie beim Bürsteln, eine Trauer sind sie mir und ein Ekel, doch da ist einer, der hat seinesgleichen nicht im Lande, der ist schlicht und recht, gottesfürchtig und meidet das Böse – mein Knecht Ewald!«

»Nu na, nu na«, wollte der Teufel zu bedenken geben, irgendwie ging ihm das alles zu rasch; doch da haute Gott feierlich auf den Tisch und fragte: »Willst du ihn nicht versuchen?«

»Wen?«

»Ihn da. Meinen Knecht Ewald.«

»Aber warum denn?« stammelte der Teufel verblüfft.

»Warum hast du denn meinen Knecht Hiob versucht?«

»Aber das war doch was ganz anderes!«

»War genau dasselbe!« Noch immer hämmerte Gott auf den Tisch, doch nun bereits in einem fordernden, fast wütenden Rhythmus. »Knecht ist Knecht. Da wird man schon mal verlangen können, daß er auch in schweren Zeiten zu mir hält.«

»Immer ich!« Der Teufel seufzte auf.

»Wer sonst?«

»Und wie stellst du dir das Versuchen vor?« wollte der Teufel wissen.

»Bin ich der Versucher oder du?« fragte Gott barsch zurück. »Nimm ihm irgendwas weg. Zum Beispiel seine Frauen.«

»Aber er hat doch gar keine.«

»Dann seine Söhne!«

»Hat doch nicht mal Frauen!«

»Dann seine Herden«, verlangte Gott, nachdem er den Gedanken an Töchter selbst verworfen hatte.

»Seine Herden!« Der Teufel griff in gespielter Verzweiflung zur Flasche. »Mitten in der Großstadt?«

»Dann eben seine Herde!«

Der Teufel sah Gott lauernd an, doch in dessen gerötetem Gesicht war kein Augenzwinkern zu entdecken. Daher schien es ihm geraten, einen sachlichen Tonfall anzuschlagen: »Es ist kaum denkbar, daß der junge Mann mehr als einen Herd besitzt, ja selbst dies möchte ich in aller Offenheit bezweifeln, da er ja zur Untermiete wohnt und –«

Gott, der während dieser Ausführungen wie abwesend in die Luft gestarrt hatte, riß plötzlich die Augen auf und sah den Teufel groß an:

»Du wirst ihm doch wohl noch irgendwas wegnehmen können? Oder?!«

Der Teufel tat so, als denke er nach. Weshalb war alles immer so schwierig? Warum war sein Glas schon wieder leer? Wieso mußte ausgerechnet er immer in solch ungemütliche Situationen geraten?

»Na?« fragte Gott.

In seiner Verwirrung fiel dem Teufel nichts Besseres ein, als abermals angeregt auf die Erde hinabzublicken und aufs Geratewohl »Oha! Oha!« zu sagen. Doch diesmal hatte er Glück.

»Ist was?« fragte Gott sich vorbeugend. »Das darf doch nicht wahr sein!« schrie er sodann und schließlich: »Welch eine Ratte! Schau dir doch nur diese Ratte da an!«

»Welche Ratte denn nun schon wieder!?« seufzte der Teufel, während er angestrengt in alle Richtungen blickte. Warum war da unten alles so undeutlich? Wieso wirkte alles derart verschwommen?

»Na, welche Ratte wohl?« Gott deutete erregt zur Erde. »Mein Bürstelknecht Ewald natürlich, wer denn sonst?«

»Bürstelknecht?« Doch nun sah der Teufel es auch: Nicht länger saßen der junge Mann und das Mädchen auf getrennten Möbeln, sondern nebeneinander auf der Couch. Kein Kunstband lag aufgeschlagen vor ihnen, eine entkorkte Flasche und zwei Gläser hatten seinen Platz eingenommen. Nicht mehr um Hockney drehten sich die Reden des jungen Mannes, sondern darum, wie denn das Ding da aufzukriegen sei, womit er offensichtlich den Büstenhalter meinte, an dessen rückwärtigem Teil seine Hände sich unter dem Pullover des Mädchens zu schaffen machten, ohne jedoch auf die erwarteten Haken und Ösen zu stoßen.

»Vielleicht will er ihr lediglich ... also den Rücken ... wollen mal sagen ... kraulen?« fragte der Teufel halbherzig, doch Gott, der bereits zu einer hohnlachenden Antwort hatte ansetzen wollen, wurde dieser Mühe durch das Mädchen enthoben, das plötzlich entschlossen seinen Pullover abstreifte und vor den verwunderten Augen des jungen Mannes – sowie denen der beiden anderen, ihr verborgenen Zuschauer – den Büstenhalter dort aufhakte, wo der junge Mann auf Grund seiner bisherigen Erfahrungen zuallerletzt angesetzt hätte, vorne nämlich, da, wo sich zwischen den Körbchen ein von einer Textilblume verdeckter Verschluß befand.

Für einen Moment schwiegen alle vier, das Mädchen lächelnd, der junge Mann verblüfft, Gott mit einem triumphierenden Seitenblick auf den Teufel, und der mit gespielter Betretenheit. Doch als der junge Mann das zu tun begann, was nach Lage der Dinge unausweichlich zu tun war, wandte sich Gott brüsk vom Ort des Geschehens ab, entriß dem Teufel die Cognac-Flasche, stellte sie knallend auf den Tisch und fragte: »Wie spät haben wir es eigentlich?«

»Nacht«, sagte der Teufel und deutete mit einer schwankenden Handbewegung auf die Sterne, die bereits seit einiger Zeit in vollständigem Glanze erstrahlt waren.

»Vor zehn oder nach zehn?« fragte Gott hart. Der Teufel musterte verlegen das Firmament. Wieso wackelten die Sterne eigentlich so? »Um zehn«, sagte er schließlich, um überhaupt was zu sagen.

»Um zehn ...« Gott überlegte etwas, dann erhob er sich derart plötzlich, daß der Teufel Mühe hatte, das Tischchen und die Flaschen vor dem Umstürzen zu bewahren. »Ich muß noch einmal mit meinem Knecht Ewald reden«, sagte Gott erläuternd und wollte sich bereits zum Gehen wenden, als der Teufel, welcher unvermutet den, wie er sagte, bisher doch sehr netten Abend in Gefahr sah, plötzlich zu unerwarteter Eloquenz und Überzeugungskraft auflief.

Ob es denn nötig sei, daß Gott selber bei seinem Knecht vorspreche, gab er zu bedenken. Ob er damit nicht irgendeinen Stellvertreter auf Erden beauftragen könne? Nein, nicht den Papst, räumte er auf eine entsprechende Gegenfrage Gottes ein, bis der sich von Rom aus in Trab gesetzt habe, nein, nein, er denke da an irgend jemanden aus der Nachbarschaft des jungen Mannes, irgendein Nachbar könnte doch genauso gut in seinem, Gottes, Namen zu ihm da unten reden, etwa die – der Teufel überlegte kurz, dann schaute er Gott aus kleinen, aber glänzenden Augen an – die Zimmerwirtin. Die habe doch ohnehin darüber zu wachen, daß in ihren vier Wänden der – nennen wir es ruhig einmal so – Unzucht kein Vorschub geleistet werde, nach zehn dürfe sie daher jederzeit nach dem Rechten sehen, Gott brauche also lediglich seinen Geist über sie auszugießen, den Rest werde diese – und nun riß es den Teufel fort – ebenso prächtige wie gottesfürchtige Frau sicherlich zur vollsten Zufriedenheit abwickeln, sie aber, und damit meine er jetzt den Gastgeber und sich – doch nun verstummte er, da Gott sich ächzend in den Sessel fallen ließ und eine Weile nachdenklich auf die Tischplatte starrte.

»Die Wirtin?« sagte er schließlich. »Name?«

»Reinig«, antwortete der Teufel, welcher so geistesgegenwärtig gewesen war, sich das kleine Blechschild an der Wohnungstür zu merken.

»Liegt wahrscheinlich schon längst im Bett«, brummte Gott mißmutig.

»Nein, nein, sie wischt gerade noch einmal die Küche auf«, versicherte der Teufel. »Da!«

»Tatsächlich.«

Eine Weile schauten beide der älteren Frau dabei zu, wie sie durch die bereits blitzblanke Küche schlurfte und gedankenverloren mit einem befeuchteten Lappen über Flächen, Bleche und Rohre fuhr, dann lehnte sich Gott zurück. »Wenn du meinst«, sagte er gedehnt, und mit diesen Worten goß er seinen Geist über Frau Reinig aus.

Am nächsten Tag begegnete der Kunstgeschichtestudent Ewald S. in der Mensa seinem Freund, dem Psychologiestudenten Peter M., welchen er mit der Behauptung, er müsse ihm unbedingt etwas erzählen, an einen der unbesetzten Tische zog, um ihm überstürzt folgendes mitzuteilen: Also er, Ewald, habe gestern abend die Gesine, ja, die kleine Anglistin, abgeschleppt, alles sei auch schon prima gelaufen, als plötzlich kurz nach zehn die Wirtin an die Tür geklopft habe. Nein, nein, nicht um Damenbesuch nach zehn sei es ihr gegangen, ja, ja, das wisse er, daß das kein Straftatbestand mehr sei, nein, sie habe vielmehr – aber hoffentlich kriege er das alles noch zusammen, was sie da zusammengeredet habe. Also erstmal habe sie ihn aufgefordert, seine

Lenden zu gürten wie ein Mann – möglicherweise habe er beim Öffnen bereits einen etwas derangierten Eindruck geboten –, dann habe sie ihn gebeten, sie zu belehren, worauf ein Wasserfall von Fragen gefolgt sei, die ihm auch jetzt noch, Stunden darauf also, nicht aus dem Kopf gingen. Ob er, Ewald, die Bande der sieben Sterne zusammenbinden oder das Band des Orion auflösen könne. Oder: Wer dem Platzregen seinen Lauf ausgeteilt habe. Oder: Ob er vernommen habe, wie breit die Erde sei. Dann habe es Frau Reinig plötzlich mit den Tieren gehabt. Um Gemsen sei es gegangen, um irgendeine Hindin und um Raben. Dann habe sie des längeren vom Strauß erzählt, dessen Fittich sich fröhlich hebe, der aber seine Eier in der heißen Erde vergesse, da Gott ihm die Weisheit genommen und keinen Verstand zugeteilt habe, und welcher – also der Strauß immer noch – zu der Zeit, da er hoch auffahre, beide verlache, Roß und Mann. Schon wollte der Freund zu Erklärungen ansetzen, schon hatte er den Begriff »Klassische Paranoia« in den Redefluß des erregten Kommilitonen geworfen, als der ihn um Ruhe bat, er müsse zuerst noch den Rest der Ausführungen seiner Wirtin loswerden – soweit er sie überhaupt noch zusammenbekomme. Ja! Da sei es dann längere Zeit um das Nilpferd gegangen, dessen Schwanz sich recke wie eine Zeder und das den Strom in sich schlucke, ohne es groß zu achten, dann aber habe Frau Reinig plötzlich das Thema gewechselt und ihn gefragt, ob er das Krokodil mit dem Hamen ziehen könne und seine Zunge mit einer Schnur fassen. Um sie zu besänftigen, und auch aus Rücksicht auf Gesine – die saß doch die ganze Zeit halbnackt auf der Couch! – habe er diese Fragen strikt verneint, doch die Wirtin sei zu weiteren, immer anzüglicheren Fragen übergegangen, etwa der, ob er mit dem Krokodil wie mit einem Vogel spielen oder es für seine Dirnen anbinden könne. Ob er es wagen würde, die Kinnbacken seines Antlitzes aufzutun – nein! nicht meine, die des Krokodils! – von dem die Frau Reinig noch gesagt habe, ja, wörtlich: Schrecklich stehen seine Zähne umher.

Und das sei nicht alles gewesen, fuhr Ewald beschwörend fort, die Frau habe dem Krokodil noch einen Mund voller feuriger Fackeln angedichtet und ein Herz so hart wie ein unterer Mühlstein, und unten an ihm seien scharfe Scherben, es fahre wie ein Dreschwagen über den Schlamm, und auf Erden sei seinesgleichen niemand, es verachte alles, was hoch ist, es sei ein König über alles stolze Wild – ausgerechnet das Krokodil!

Und dann?

Dann sei die Wirtin auf einmal verstummt und wieder weggeschlurft, doch mit Gesine sei natürlich nichts mehr gelaufen, die habe nach dem ganzen Terror sofort nach Hause gewollt, und er habe sie unter diesen Umständen natürlich auch weder zum Bleiben bewegen können noch wollen – die wahnsinnige Wirtin hätte ja jeden Moment wiederkommen und zu noch handgreiflicheren Belästigungen übergehen können.

Nachdem er bedenklich die Stirn gekraust hatte, stellte der Freund einige gezielte Fragen, dann entwickelte er aus dem Stand mehrere Hypothesen, die schließlich in einer einzigen, der des Sexualneides, zusammenliefen, zu deutlich hätten sich Begriffe durch ihre Reden gezogen wie Lenden, Eier, Schwanz, Hamen – was immer das konkret bedeute –, und vor allem seien ihm die häufigen Anspielungen auf jenen ominösen »Unten«-Bereich aufgefallen, die Frau Reinig wiederum sämtlich dem Krokodil – übrigens ein sicher nicht zufällig sehr schwanzbetontes Tier! – zugeordnet habe, all diese merkwürdigen Mühlsteine und Scherben, welche zweifelsfrei darauf schließen ließen, daß Frau Reinigs Sexualneid in einer tiefen Sexualangst wurzele.

»Nun hör dir doch diese Ratte an«, sagte Gott und stieß den immer noch schlafenden Teufel in die Seite. Der schreckte hoch und blickte aus sehr kleinen, sehr geröteten Augen auf leere Teller, verwüstete Kuchen, umgestürzte Gläser und halbvolle Flaschen, sodann, angestrengt den Kopf hebend, auf sein Gegenüber, das, bereits wieder hellwach und zürnend, auf die Erde deutete. »Welch eine Ratte!« wiederholte er voller Ingrimm. »Welch eine bodenlose Ratte!«

»Er wird sie doch nicht immer noch bürsteln?« fragte der Teufel verstört, während er verzweifelt versuchte, Gottes Fingerzeig zu folgen. »Nicht doch«, schrie er fast. »Er bürstelt sie in der Mensa? Aber nein«, fuhr er erleichtert fort, »dein Knecht Ewald redet ja nur mit jemandem. Sieht eigentlich ganz nett aus.«

»Wer?«

»Na, der da. Sein Gesprächspartner.«

»Der?« Gott lachte höhnisch auf. »Siehst du denn gar nicht, was der mit meinem Knecht Ewald vorhat?«

»Hat der was mit ihm vor?« Der Teufel riß die Augen auf und bemühte sich, ein Höchstmaß an Aufmerksamkeit an den Tag zu legen. Wenn ihm nur nicht immer der Kopf so hinabgesunken wäre. Warum sank ihm eigentlich der Kopf immer so hinab? »Will er ihn etwa – bürsteln?« fragte er noch, bevor sein Kopf wieder auf der Tischplatte aufschlug.

»Bürsteln? Ach was! Schlimmer! Viel schlimmer! Wenn ich mich nicht sehr täusche, dann ist der gerade dabei, meinen Knecht Ewald zu versuchen!« sagte Gott schneidend.

»Versuchen? Von deinen Gesetzen abbringen und so?« Der Teufel schien betroffen. »Aber das ist doch eigentlich meine Aufgabe!« versuchte er mit einem Rest von Würde zu sagen. Wenn er nur seinen Kopf vom Tisch bekommen hätte! Wieso bekam er eigentlich nicht seinen Kopf vom Tisch?

Gott lehnte sich zurück und blickte prüfend auf den Teufel, welcher schon wieder damit begonnen hatte, unüberhörbar vor sich hin zu schnarchen. »Nicht mehr lange«, schien sein Betrachter zu denken, »nicht mehr lange!« Doch hier sollte die Geschichte wohl besser schließen, denn wer darf schon von sich behaupten, er kenne sich aus in Seinen Gedanken?

Daniil Charms

Über Schein und Sein

Nr. 2

Hier ist eine Flasche Vodka, eine sogenannte Spirituose. Daneben sehen Sie Nikolaj Ivanovič Serpuchov.

Der Flasche entsteigen alkoholische Dämpfe. Schauen Sie, wie Nikolaj Ivanovič Serpuchov durch die Nase atmet. Sehen Sie, wie er sich die Lippen leckt und wie er genüßlich die Augen schließt. Es geht ihm sichtlich gut, vor allem wegen der Spirituose.

Aber beachten Sie, daß im Rücken von Nikolaj Ivanovič nichts ist. Nicht, daß dort kein Schrank, keine Kommode oder sonst irgendetwas stünde, nichts, absolut nichts ist da, nicht einmal Luft. Ob Sie es glauben oder nicht, aber im Rücken von Nikolaj Ivanovič ist nicht einmal luftleerer Raum oder, wie man sagt, der Äther des Weltraums. Ganz offen gesagt – nichts.

Das kann man sich natürlich unmöglich vorstellen.

Aber das kümmert uns einen feuchten Dreck, uns interessieren nur die Spirituose und Nikolaj Ivanovič Serpuchov.

Nun greift Nikolaj Ivanovič nach der Flasche mit der Spirituose und führt sie an die Nase. Nikolaj Ivanovič riecht daran und bewegt den Mund wie ein Kaninchen.

Jetzt ist es an der Zeit zu sagen, daß nicht nur im Rücken von Nikolaj

Ivanovič nichts ist, sondern auch vor ihm, sozusagen vor seiner Nase und überhaupt rings um ihn her ist nichts. Völlige Abwesenheit jeglichen Seins oder, wie einmal gewitzelt wurde, Abwesenheit jeglicher Anwesenheit.

Wir interessieren uns jedoch weiter nur für die Spirituose und Nikolaj Ivanovič.

Stellen Sie sich vor, Nikolaj Ivanovič wirft einen Blick ins Innere der Flasche mit der Spirituose, führt sie an die Lippen, stürzt die Flasche und trinkt, stellen Sie sich vor, die ganze Spirituose aus.

Gekonnt! Nikolaj Ivanovič hat die Spirituose ausgetrunken und mit den Augen geklimpert. Gekonnt war das! Wie hat er das geschafft!

Wir aber müssen hier Folgendes sagen: offen gestanden, nicht nur im Rücken von Nikolaj Ivanovič oder vor ihm und um ihn herum war nichts, auch im Innern von Nikolaj Ivanovič war nichts, hat es nichts gegeben.

Das mag natürlich so gewesen sein, wie wir eben sagten, und dennoch hat Nikolaj Ivanovič bei alledem fröhlich anwesend sein können. Das stimmt. Aber ehrlich gesagt, der Witz ist, daß es Nikolaj Ivanovič gar nicht gegeben hat und auch nicht gibt. Das ist der Witz.

Sie werden fragen: Und was ist mit der Flasche mit der Spirituose? Vor allem, wo ist die Spirituose hin, wenn der nicht existierende Nikolaj Ivanovič sie ausgetrunken hat? Die Flasche, angenommen, ist noch da. Aber wo ist die Spirituose? Eben war sie noch da, und auf einmal ist sie weg. Es gibt doch keinen Nikolaj Ivanovič, sagen Sie. Also wie ist das denn nun?

Hier verlieren selbst wir uns in Vermutungen.
Übrigens, was reden wir denn da? Wir hatten doch gesagt, daß es innerhalb wie außerhalb von Nikolaj Ivanovič nichts gebe. Aber wenn es weder innen noch außen etwas gibt, dann gibt es auch die Flasche nicht. Oder nicht?
Aber beachten Sie andererseits bitte Folgendes: Wenn wir sagen, daß es weder innen noch außen etwas gebe, so ergibt sich die Frage: innerhalb und außerhalb wovon? Irgendetwas gibt es doch offenbar trotzdem? Aber vielleicht auch nicht. Warum sagen wir dann aber »innerhalb« und »außerhalb«?
Nein, das ist eindeutig eine Sackgasse. Und wir wissen selber nicht, was wir sagen sollen.
Auf Wiedersehen.

18. September 1934

Wilfried zeigt seinen neuen Schuhen den grauen Alltag.

Hermann Harry Schmitz

Das verliehene Buch

Es war ein prächtiges Buch mit Goldschnitt und Damasteinband, das in der guten Stube auf dem Tisch lag.
Es war ein sehr langweiliges Buch mit schlechten, sehr schlechten Illustrationen.
Es war der Stolz der ganzen Familie.
Nur der Vater durfte das Buch in die Hand nehmen. An Festtagen setzte sich der Vater sonntagsangezogen in die gute Stube und las der Mutter und den Kindern mit sonorer Stimme und falscher Betonung aus dem feinen Buch vor. Würdevoll und prätentiös wusch er sich vorher die Hände. Häufig unterbrach er das Vorlesen und erklärte die Abbildungen. Die Kinder machten verständige Gesichter und große, kluge Augen; sie kniffen sich heimlich gegenseitig in die Beine. –
Herr Mehlenzell war ein Bekannter des Vaters; er hatte einen Kolonialwarenladen und schrieb an.
Man brauchte viel im Haushalt, und das Gehalt des Vaters war klein.
Herr Mehlenzell bat eines Tages den Vater, er möchte ihm das prächtige Buch leihen. Der Vater erbleichte; er konnte nicht gut ›nein‹ sagen.
»Auf ein paar Tage. – Bestimmt, selbstverständlich haben Sie es nächsten Sonntag zurück«, hatte Herr Mehlenzell gesagt.
Man sprach in der Familie nur über das Buch. Die Mutter meinte, man hätte es ihm nicht geben sollen. Der Vater war sehr ernst. »Bestimmt

haben Sie es Sonntag zurück, hat Herr Mehlenzell gesagt«, verteidigte sich der Vater. »Wir wollen sehen«, brummte die Mutter.
Wo das Buch in der guten Stube gelegen hatte, war ein viereckiger Fleck auf der Tischdecke; der Plüsch war da nicht so verschossen.
Der Sonntag kam. Man war schon sehr früh aufgestanden.
Es wurde Mittag; Herr Mehlenzell hatte das Buch nicht gebracht. Der Vater saß mit der Mutter in der guten Stube und war sehr ernst. Keinem hatte das Essen so recht geschmeckt. Um die Kinder kümmerte sich niemand. Man ließ sie im Garten über die Bleiche tollen und ungestört die unreifen Stachelbeeren essen. – Der Vater trank eine halbe Flasche Rum. Die Mutter hatte verweinte Augen. Die gute Stube wurde abgeschlossen.
Der Vater musste Montag und Dienstag im Bett liegen. Die Mutter vernachlässigte den Haushalt. Die Kinder verwilderten.
Hundertundvierzig Mark bekam Herr Mehlenzell noch. Man durfte nicht wagen, ihn an das Buch zu erinnern.
Es war unheimlich im Hause, wie wenn jemand gestorben wäre. Den Vater sah man viel mit der Rumflasche hantieren.
Die Familie ging zurück. –
Der dritte Sonntag kam, und das Buch war noch immer nicht da.
Es konnte so nicht mehr weitergehen:
Nach dem Mittagessen schrie der Vater nach seinem schwarzen Rock und den Manschetten, rasierte sich und ging zu Mehlenzells.
Frau Mehlenzell öffnete selbst.
Er fragte nach Herrn Mehlenzell.

Frau Mehlenzell war mürrisch und fragte, was es sei. Ihr Mann wolle nach dem Essen nicht gestört sein; was es sei.

Es sei sehr dringend, er müsse mit Herrn Mehlenzell sprechen, beharrte der Vater.

Frau Mehlenzell ging brummend in ein Zimmer und ließ den Vater auf dem Korridor stehen.

Frau Mehlenzell hatte die Tür nicht fest hinter sich zugemacht.

Herr Mehlenzell schimpfte, man solle ihn ungeschoren lassen.

Was denn der Hungerleider wolle? Dann wurde von innen die Tür zugeschlagen.

Nach einer Weile kam Frau Mehlenzell zurück; ihr Mann hätte nicht viel Zeit, er möge sich kurz fassen. –

Herr Mehlenzell lag auf dem Sofa und rauchte eine Zigarre.

Er stöhnte den Vater an und blieb ruhig liegen.

Er wolle ihm auf die Rechnung etwas abbezahlen, fing der Vater schüchtern an.

Herr Mehlenzell richtete sich auf und bat den Vater, doch Platz zu nehmen; er schob ihm auch das Zigarrenetui hin.

»Über wieviel darf ich quittieren, bitte?«

»Über zwanzig Mark.«

Herr Mehlenzell nahm das Zigarrenetui wieder an sich. Im Nebenzimmer übte jemand sehr auf dem Klavier.

» ... und dann, was ich sagen wollte«, quetschte der Vater hervor, »ich möchte mal nach dem Buch fragen, ob es Ihnen gefallen hat und ob Sie es vielleicht aushaben?«

»Welches Buch?«

»Sie wissen doch – das Buch von mir, das schöne Buch, was ich Ihnen vor drei Wochen geliehen habe.«

»Ach so, ja. Jetzt fällt es mir ein. – Ja, wo habe ich das?«

Dem Vater standen dicke Angstperlen auf der Stirn.

»Warten Sie einmal, da muss ich meine Frau fragen. Haben Sie denn das Buch so nötig?«

Herr Mehlenzell verließ murmelnd das Zimmer.

Im Nebenzimmer spielte man zum siebenten Male ›Mädchen, warum weinest Du‹.

Der Vater ging an die halb geöffnete Tür und schaute hinein.

Lenchen Mehlenzell saß am Klavier.

Man hatte auf einen Stuhl Bücher gelegt, damit Lenchen hoch genug saß.

Der Vater war einer Ohnmacht nahe; Lenchen saß auf dem prächtigen Buch!

Der Vater war sonst nicht roh. Er stürzte aus dem Hinterhalt auf das nichtsahnende Kind und warf es von seinem Sitz, ergriff das Buch und floh.

Zu Hause. – Das Buch wurde geprüft, es hatte gelitten. Man hatte auf dem Deckel etwas geschnitten, etwas Fettiges, scheinbar Wurst. Es musste häufig gefallen sein, die Ecken waren verbogen, und die Seiten saßen teilweise lose im Rücken.

Mit zitternder Hand blätterte der Vater in dem Buch.

Seite 1, 2, 3, 4, 5, 6, 7, 8, 9, 10, 11, 12, 40 – der Vater wurde stutzig … 41,

42, 43, 44, 13, 14, 15, 58, 59, 60, 61, 16, – der Vater wurde grün im Gesicht … 17, 18, 19, 20, 21, 22, 23, 24, 25, 105, 106, 107, 108, – dem Vater fiel sein Glasauge aus dem Kopf. … 109, 110 – jetzt wurden die Seiten kleiner, sehr seltsam … 111, 112. Seite 110 schloss ›Wanderburschen, wandert zu in die weite Welt hinaus‹, und es ging weiter auf Seite 111 ›mit der weißen, aristokratischen Hand durch das gewellte Haar und ging erregt auf Leonie zu‹. In Vaters Buch kam keine Leonie vor. Der Vater bekam einen eiförmigen Kopf.

Der Vater erschlug die Mutter.

Aus dem Buch fiel eine Ansichtskarte an Frau Mehlenzell aus Saarbrücken und ein Zettel mit den denkwürdigen Worten:

›2 Paar Socken, 3 Kragen, 1 Taschentuch, 1 Vorhemdchen, 1 Paar Manschetten.‹

Der Vater sprang am Fenster hinaus und brach das Genick.

Die Kinder verdarben.

Schauderhaft, höchst schauderhaft. –

Kurt Tucholsky

Die letzte Seite

Mein Beruf – ich bin Zweiter Leuchtturmwächter auf der kleinen Ostseeinsel Achnoe, und die Nächte sind lang –, mein Beruf zwingt mich, viel und ausgiebig zu lesen. Um neue Bücher ist mir nicht bange – die bekomme ich von meinem Freund, Herrn Andreas Portrykus, dem Nachtredakteur des ›*Strahlförder Generalanzeigers*‹ (mit Unfallversicherung). Er schenkt mir alle Rezensionsexemplare, und so lese ich Nacht für Nacht, alles durcheinander: Romane und Reisebeschreibungen und zarte, sinnige Geschichten aus edler Frauenhand, und was man eben so liest.

Und wenn der Wind an die dicken Scheiben stößt, wenn mein Burgunderpunsch auf dem Tisch dampft, der bräunliche Tabak knastert und ich alter Mann wieder einmal froh bin, diesen Posten ergattert zu haben –: dann kommt es wohl vor, daß ich aus Zerstreutheit und guter Laune die Bücher von hinten zu lesen beginne, so, wie man aus einem Kuchen sich zuerst die Rosinen herausknabbert. Und da bin ich zu der Entdeckung gekommen, daß die Schlüsse all der vielen Bücher sich deutlich nach verschiedenen Arten gruppieren lassen. Es gibt Normalschlüsse, die immer wiederkehren: der Autor mag vom Mond heruntergefallen sein, am Schlusse besinnt er sich doch auf sein edles Menschentum und redet deutsch.

Heute nacht habe ich wieder vier Pfund Bücher gelesen – mir ist noch manches im Gedächtnis. Ich will es einmal versuchen.

Der Unterhaltungsroman, der Erfolg hat

»... Gefühlt habe ich es schon lange«, flüsterte Helene. »Aber du hast es mir erst ins Bewußtsein gebracht. Jetzt beginne ich erst wirklich zu leben.« – Edgar zog sie an sich ...

So verrannen ihnen die Stunden, ohne daß sie es merkten. Dann schritten sie miteinander über das abendlich dämmernde Feld, auf dem sich der würzige Geruch der jungen Kartoffeln mit dem süßen Duft der Rosen mischte.

Edgar Helmenberg führte seine junge Braut in das Haus auf dem Hügel. Der Mond ging auf. Er ergriff ihre Hand. »Siehst du den Mond?« sagte er stark. »Ich aber will dir die Sonne geben!« – Und gebannt flüsterte sie: »Die Sonne!« –

Der Unterhaltungsroman, der keinen Erfolg hat

Es war alles aus. Kuno stand an den Scherben seines bescheidenen Glücks. Warum ihm das Unglück? Warum gerade ihm? Und die anderen? Ingrimmig ballte er die Fäuste – und ließ dann doch die Hände wieder sinken.

Da zogen sie hin; wie sie gelacht hatte, seine – ja seine! – Gertrud.

Herr Doktor Holtzenheimer aber hatte Geld und war ein flotter Kerl ...

Die lange Liebe, die Werbungen so vieler Jahre – alles vergebens. Da brach er weinend zusammen und zerknickte die Rose in seiner Tasche ...

Professorale Reisebeschreibung

So endet diese meine schöne und lehrreiche Reise in das Sonnenland Ägypten. Sie hat mir viel Neues gezeigt und meinen Wissenskreis erweitert. Sie hat mir aber auch bewiesen, wie heutzutage der Deutsche überall wohlgelitten ist, wenn er nur seinen Platz an der Sonne verteidigt. Möge das Büchlein seinen Lesern Unterhaltung und anregende Belehrung gewähren, damit auch sie dereinst hinausziehen in das altehrwürdige Land des Nils und der Könige Ramses und Ramsenit! Bemerkt mag noch werden, daß der auf Seite 154 erwähnte mittlere Fliegenpilz auch in Deutschland beobachtet worden ist. So hat nach einer Mitteilung Schaedlers im ›Geographischen Wochenblatt‹ ein Lehrer in Meißen einen solchen gefunden und auch bestimmt.

Die Moderne um 1900

»Seele«, flüsterte er. Dann knallte ein Schuß. Die aufgeschreckten Hausbewohner liefen durcheinander – – Schutzleute bahnten sich einen Weg durch die Menge. Der Mann im Hausflur war tot. Sein Blut sickerte durch den linken Ärmel auf den hellblau und grünlich karierten Steinfliesboden und verrann in Rinnseln in den staubigen Fugen ...

Altes Buch

»Möge euch«, so schloß der Geistliche seine alle Anwesenden aufs tiefste ergreifende Rede, »der liebe Gott den Bund segnen, den zwei so mächtige Familien miteinander durch ihre Kinder geschlossen haben!« –

Was soll ich noch viel erzählen? – Eduard und Kunigunde wurden ein glückliches, aber kinderreiches Paar; der alte Hader war begraben und vergessen. Draußen aber pfeift der Wächter schon die zwölfte Stunde, laß mich das Licht löschen, geneigter Leser! Gute Nacht! –

Das richtige Jungensbuch

(›Die Lagerfeuer in Kalifornien‹)

»Schurke!« knirschte der Mestize. Ein Messer blitzte in seiner Hand – aber mit einem gewaltigen Schlage streckte ihn der alte Trapper nieder. Ein kurzes Röcheln – dann war alles vorbei.

Der alte Trapper geleitete die Karawane noch in die nächste große Stadt S., dann begab er sich wieder in seine Einöde zurück. »Einen Dank brauche ich nicht«, sagte er. »Ich habe nur getan, was rechtens war.«

Franz und Fräulein Armstrong, die Erbin des Goldfundes, wurden ein Paar und lebten glücklich und zufrieden.

Der Kellner Fritz bekam eine zuträgliche Stellung in San Francisco, die er heute noch innehat.

Von dem hinterhältigen Don Pedro hat kein Mensch mehr etwas gehört. Er blieb verschollen.
Der alte Indianer Hefrakorn aber erhielt das Gnadenbrot bei Krafts. Franz Kraft ist ein alter Mann geworden, und Kinder und Enkel umspielen seine Knie. Wenn er aber mit seiner immer noch schönen Frau, seinen Kindern und dem alten Indianer um den runden Tisch zusammensitzt, dann gedenken sie wohl noch oft der ›Lagerfeuer in Kalifornien‹.

Ja, wird stets der geneigte Leser nun sagen: Das ist ja alles sehr schön und nett – aber wie soll denn ein Buchschluß nun sein? Diese gefallen doch dem Herrn Leuchtturmwächter alle nicht ...
Ich muß sagen, daß ich in meiner jetzt zwanzigjährigen Dienstzeit nur einmal einen wirklich guten, ehrlichen und motivierten Buchschluß gefunden habe. Er fand sich in einem Gedichtbüchlein ›*Frühlingsstimmen*‹ von Herrn Hugo Taubensee. Der Mann war – wie man aus dem beigehefteten Porträt sehen konnte – Postschaffner, aber auch Dichter, eine der so häufigen Verbindungen von Geschäftsmann und Romantiker. Der Verleger war nur Geschäftsmann.
Diese ›*Frühlingsstimmen*‹ klangen folgendermaßen aus:
»Mitteilung an den Leser!
Die gesammelten Gedichte des Verfassers gehen in Wirklichkeit noch weiter. Weil ich aber nicht in der bemittelten Lage bin, weiteres Papier und auch die Druckkosten anzuschaffen, so sehe ich mich gezwungen, die Gedichte hier abzubrechen. Ich will aber, wenn der Absatz dieses

Büchleins ein entsprechender ist, die ›*Frühlingsstimmen*‹ gern fortsetzen. Die Leser handeln also im eigenen Interesse, wenn sie das Buch fleißig kaufen und weiterempfehlen!«

Das heiß ich einen Schluß! Von jetzt an werde ich mich mehr den Anfängen zuwenden.

Textnachweis

Anonym:
Dieser Kerl
Aus: Das große Märchenbuch. Die schönsten Märchen aus ganz Europa. Hrsg. von Christian Strich mit Illustrationen von Tatjana Hauptmann. Zürich 1987. © Diogenes Verlag, Zürich.

Victor Auburtin:
Das gute Ruhekissen
Aus: ders: Die Onyxschale und Die goldene Kette sowie andere kleine Prosa aus dem Simplicissimus bis 1911. Berlin 1995.

Stefano Benni:
Bruder Geldautomat
Aus: Capricci. Skurrile Geschichten italienischer Autoren. Hrsg. von Ragni Maria Gschwend. Aus dem Italienischen von Hinrich Schmidt-Henkel. München: Deutscher Taschenbuch Verlag 2005. Für die Übersetzung © H. Schmidt-Henkel.

Wolfgang Borchert: Schischyphusch oder Der Kellner meines Onkels
Aus: ders.: Das Gesamtwerk. Hrsg. von Michael Töteberg unter Mitarbeit von Irmgard Schindler. © 2007 by Rowohlt Verlag GmbH, Reinbek bei Hamburg.

Daniil Charms:
Über Schein und Sein
Aus: ders.: Fälle. Szenen Gedichte Prosa. Hrsg. und übersetzt von Peter Urban. Zürich: Haffmans Verlag 1984.

Robert Gernhardt:
Das Buch Ewald
Aus: ders.: Kippfigur. © Robert Gernhardt 1986. Alle Rechte vorbehalten S. Fischer Verlag GmbH, Frankfurt am Main.
Durch Bella Italia mit der – – Nuckelpinne
Aus: ders.: Die Blusen des Böhmen. © Frankfurt am Main.: Zweitausendeins 1981.
Ein Ehepaar erzählt »Ein Ehepaar erzählt einen Witz«
Mein Buch, dein Buch
Aus: ders.: Es gibt kein richtiges Leben im valschen. Humoresken aus unseren Kreisen. © Robert Gernhardt 1987. Alle Rechte vorbehalten S. Fischer Verlag GmbH, Frankfurt am Main.

Frank Goosen:
Eine Brücke über unruhiges Wasser
Aus: Mein Ich und sein Leben. Komische Geschichten. © Eichborn AG, Frankfurt am Main, Februar 2004.

Axel Hacke:

Doktor Leibtrost

Mach ma dodici

»Sie sind ja sooo wichtig!«

Wein oder Nichtwein

Aus: ders.: Das Beste aus meinem Leben. © Verlag Antje Kunstmann GmbH, München 2003.

Jaroslav Hašek:

Knapper Inhalt eines blutrünstigen Romans

Aus: ders.: Wie ich dem Autor meines Nachrufs begegnete. 33 Erzählungen. Berlin und Weimar 1978. © Aufbau Verlag GmbH & Co.KG, 2010.

Schwejk im Arsenal

Aus: ders.: Urschwejk und anderes aus dem alten Europa und dem alten Russland. Prag: Verlag Alfred Synek 1929.

Eckhard Henscheid:

Drei Legenden

Aus: ders.: Die Wurstzurückgehlasserin. Erzählungen. Zürich: Haffmans Verlag 1985. © Eckhard Henscheid.

Um die verzweifelte Stimmung ...

Aus: ders.: Wie Max Horkheimer einmal sogar Adorno hereinlegte. Anekdoten über Fußball, Kritische Theorie, Hegel und Schach. Zürich: Haffmans Verlag 1983. © Eckhard Henscheid.

Ulrich Holbein:

Oft naschte ich von der »Bonbontüte der Transzendenz«

Erstveröffentlichung unter dem Titel »Credo eines Synoptikers: Bonbontüte der Transzendenz« in: Frankfurter Allgemeine Zeitung, Nr. 188, 15. 8. 2001. © by Ulrich Holbein.

Ödön von Horváth:

Der Tod aus Tradition

Wintersportlegendchen

Aus: ders.: Gesammelte Werke. Hrsg. von Traugott Krischke unter Mitarbeit von Susanna Foral-Krischke. Bd. 11. Frankfurt am Main. 1988.

Fanny Müller (*1941)

Buchmesse

Geschenke

Goldene Hochzeit

Im Kino kann man was erleben

Aus: dies.: Keks, Frau K. und Katastrophen. © Edition Tiamat, Verlag Klaus Bittermann Berlin.

Mynona (eigentl. Salomo Friedlaender):

Die alte Witwe

Aus: Mynona: Rosa die schöne Schutzmannsfrau und andere Grotesken. Hrsg. von Ellen Otten. Zürich 1989. © Hartmut Geerken.

Fritz von Ostini:
Die blaue Schlange
Aus: Christian Heermann (Hrsg.): Old Shatterhand läßt grüßen. Literarische Reverenzen für Karl May. Berlin 1992.

Dorothy Parker:
Der Walzer
Aus: dies.: Die Geschlechter. New Yorker Geschichten. Deutsch von Ursula-Maria Mössner. Zürich: Haffmans Verlag 1985.

Gerhard Polt:
Bad Hausen © Gerhard Polt
Der Kaiser Nero © Gerhard Polt
Die Garage © Gerhard Polt
Eine Bilanzierung © Gerhard Polt
Aus: ders.: Circus Maximus. Das gesammelte Werk. © 2002 by Kein & Aber AG Zürich.

Alexander Roda Roda:
Kleines Abenteuer in Karlsbad
Wir rüsteten uns ...
Aus: Das große Roda Roda Buch. © Paul Zsolnay Verlag Wien 1988.

Herbert Rosendorfer:
Der Weihnachtsdackel
Aus: ders.: Die Frau seines Lebens und andere Geschichten. © 1985 nymphenburger in der F. A. Herbig Verlagsbuchhandlung GmbH, München.

Harry Rowohlt:
Dor'mund
»Gesicht zeigen!«
Aus: ders.: Pooh's Corner. Meinungen eines Bären von sehr geringem Verstand. Gesammelte Werke 1997–2009. © 2009 Kein & Aber AG Zürich.

Saki (eigentl. Hector Hugh Munro)
Der gemästete Ochse
Aus: ders.: Biest und Überbiest. Sechsunddreißig Geschichten. Deutsch von Claus Sprick. Zürich: Haffmans Verlag 1992.

Paul Scheerbart:
Der Herr Gemeindevertreter und die Selbstmörder
Dynamit-Bonbons
Aus: ders.: Gesammelte Werke. Hrsg. von Thomas Bürk, Joachim Körber, Uli Kohnle. Bd. 7: Erzählungen 2. Linkenheim 1992.

Arno Schmidt:
Was soll ich tun?
Aus: ders.: Trommler beim Zaren. © 1966 Stahlberg Verlag GmbH Karlsruhe. Alle Rechte vorbehalten S. Fischer Verlag GmbH, Frankfurt am Main.

Hermann Harry Schmitz:

Das verliehene Buch

Aus: ders.: Buch der Katastrophen. Vierundzwanzig tragikomische Geschichten. Diogenes Verlag AG Zürich 1966.

Kurt Tucholsky:

Der Namensfimmel

Sieben Gespenster

Herr Wendriner geht ins Theater

Aus: ders.: Gesammelte Werke in 10 Bänden. Bd. 4: 1925–1926. Reinbek 1960.

Die letzte Seite

Aus: ders.: Gesammelte Werke in 10 Bänden. Bd. 1: 1907–1918. Reinbek 1960.

Mark Twain:

Kannibalismus in der Eisenbahn

Aus: ders.: Ausgewählte Werke in zwölf Bänden. Hrsg. von Karl-Heinz Schönfelder. Band 1: Der berühmte Springfrosch von Calaveras. Erzählungen. Aus dem Amerikanischen übersetzt von Günther Klotz. Berlin 1963. © Aufbau Verlag GmbH & Co.KG, 2010.

Karl Valentin:

Im Gärtnertheater

Aus: ders.: Gesammelte Werke. © 1985 Piper Verlag GmbH München.

Ror Wolf:

Telefongespräch im Fernsehen anläßlich des Qualifikationsspiels zur Fußballweltmeisterschaft Zypern gegen Deutschland am 23. 11. 1968 in Nikosia (ARD)

Aus: ders.: »Ein Komplott aus Spiel, Spaß und Entsetzen«. Prosa, Lyrik, Collagen und Montagen. Hrsg. von Karl Riha. Stuttgart 1994. © Ror Wolf.